Weiterer Titel des Autors:

Bierquälerei

Über den Autor:

Volker Keidel, 1969 in Würzburg geboren, verdingte sich mit verschiedenen Gelegenheitsjobs, unter anderem bei Siemens am Fließband, als fahrender Bäcker, Eisverkäufer und Pförtner einer Schwesternschule, bevor er in München Buchhändler wurde. Seit vielen Jahren organisiert er dort Lesungen und liest auch selbst bei der Veranstaltungsreihe *Westend ist Kiez*, unter anderem aus seinem Buch *Bierquälerei*, das 2013 erschien. Volker Keidel ist verheiratet und hat zwei Kinder.

VOLKER KEIDEL

DAS WUNDER VON BERND

GESCHICHTEN VON DER ERSATZBANK

BASTEI LÜBBE
TASCHENBUCH

BASTEI LÜBBE TASCHENBUCH
Band 60792

1. Auflage: April 2014

Schilderungen von Personen des öffentlichen Lebens,
außer die mit Bernd Hollerbach, sind rein fiktiv
und haben so nicht stattgefunden.

Dieser Titel ist auch als E-Book erschienen

Originalausgabe

Copyright © 2014 by Bastei Lübbe AG, Köln
Textredaktion: Tobias Schumacher-Hernández
Umschlagmotiv: © Shutterstock/RoyStudio.eu;
© Shutterstock/Ruggiero Scardigno
Umschlaggestaltung: Massimo Peter
Satz: hanseatenSatz-bremen, Bremen
Gesetzt aus der Minion Pro
Druck und Verarbeitung: GGP Media GmbH, Pößneck
Printed in Germany
ISBN 978-3-404-60792-1

Sie finden uns im Internet unter
www.luebbe.de
Bitte beachten Sie auch: www.lesejury.de

»… Es wär alles noch viel schlimmer
ohne Fußball und Dosenbier.«
Lotto King Karl

INHALTSVERZEICHNIS

Halbzeitknutschen	9
Mr. Dirty Talk	16
London calling	19
Marktsonntag	24
Der Tag, an dem das Sandmännchen starb	28
Monsieur Völler	32
Helli hört auf	37
Mein erstes BP-Trikot	41
Los Amigos	45
Elfmeterkiller	50
Kopf oder Zahl	53
Einen Schritt zu spät	58
Von Löwen lernen	63
Tiki-Taka-Kurzgeschichten-Feuerwerk	69
Leichtes Spiel	76
Elfmeterkiller reloaded	82
Das Wunder von Bernd	85
Ein Abgesang	88
Noch Fragen?	93
Du Wahnsinn!	97
Schwarzseher	102
Schni-Schna-Schnapsi	106
Hahnsamcanlahm	110
Niederlage and Destroy	115
Karwoche	120
Pippi	126

Pippo	132
Eine Nummer zu groß	136
Langweilig	143
Tee um 15:30 Uhr	147
We call it a Klassiker	153
Lieblicher Weihnachtskick	157
Zweite Mannschaft	161
Schönste Momente	166
Mein erstes Mal	171
Resturlaub	175
Scheunentor	180
Knackpunkt	186
Time to say goodbye	189
Mein Traum-HSV	196
Meine Weltelf	198
Meistgehörtes auf dem Fußballplatz	200
Danksagung	201
Keidels Karriere als Fußballer	202
Keidels Karriere als Autor	203

HALBZEITKNUTSCHEN

Ich hatte mir die beiden letzten Auftritte des HSV in München angesehen und daraufhin beschlossen, mal eine Pause zu machen und in dieser Saison nicht ins Stadion zu gehen. Auch um die Spieler zu bestrafen für ihre desolaten Leistungen.

»Was, der Keidel ist heute nicht da?«, würden sie sich gegenseitig fragen, sich deshalb besonders reinhängen, und vielleicht würde es so zum Sieg reichen.

Es hatte damals so gut angefangen in der Allianz Arena mit zwei Siegen und zwei Unentschieden, ich ging schon fast gerne in diese kalte, seelenlose Betonschüssel. Weil es aber zu schön war und höhere Mächte die HSV-Fans regelmäßig bestrafen, gab es daraufhin drei Niederlagen in Folge.

Bei den beiden letzten, einem 5:0 und einem 6:0, hatten alle Hamburger gegen Ende »Oana geht no, oana geht no nei!« gesungen und danach so lange getrunken, bis das Spiel vergessen war.

Dieses Jahr würde es ja kaum noch schlimmer kommen, aber ich war bockig.

Zumal meine Frau mit ihren drei Freundinnen auf die Schnapsidee gekommen war, sich auch endlich mal die Allianz Arena anschauen zu wollen.

Gerade beim Spiel gegen den HSV. Man stelle sich nur vor, seine Frau in der Halbzeitpause zufällig am Bierstand zu treffen.

Obwohl, wir könnten vorher ausmachen, dass sie sich in die Schlange stellt und ich scheinbar zufällig vorbeikomme.

»Wie heißt du?«, würde ich sehr laut fragen.

»Anna. Und du?«

»Volker.«

»Oh, echt, Volker? Das ist ein sehr schöner Name. Und du hast sehr schöne Augen. Hast du Lust, mich zu küssen?«

Dann würden wir uns so lange küssen, bis wir drankämen, Anna würde mir ein Bier in die Hand drücken und sagen: »Das war der schönste Kuss meines Lebens. Zärtlich, aber trotzdem wild und fordernd, wie machst du das bloß? Das Bier geht auf mich. Und hier hast du meine Nummer, ruf mich gerne an, auch wenn du mehr willst.«

Daraufhin würde ich mich wieder in meinen Block stellen und mir von den in Ehrfurcht erstarrten Fans abwechselnd Bier bringen und auf die Schulter klopfen lassen.

Ich war total begeistert von meiner Idee und hatte plötzlich doch etwas Lust, mit Anna zum Spiel zu gehen, aber ich musste die Bestrafung durchziehen.

Anna war die Tage vor dem Spiel total aufgeregt. Sie interessierte sich eigentlich schon lange nicht mehr richtig für Fußball, aber vielleicht hatte sie mit ihren Freundinnen schon ausgemacht, in der Halbzeitpause beim Bierkauf heftig miteinander rumzuknutschen.

Am Vorabend des Spiels sagte Susa ab. Sie habe erfahren, dass der HSV käme, und meinte, dass ihr das dann doch zu langweilig sei.

Also probierte es Anna und schmeichelte mir: »Ach komm schon, Heike und Anja würden sich freuen, wenn du mitkommst. Du könntest uns die Vierer-Abseitskette erklären.«

»Ja, da kenne ich mich schon aus«, sagte ich und machte sie nicht auf ihren kleinen Lapsus aufmerksam, »aber ich habe mich leider schon gegen das Spiel entschieden. Sonst glauben die Spieler, sie können sich alles erlauben.«

Insgeheim freute ich mich bereits auf das Spiel.

Zum einen hoffte ich auf die große Sensation, zum anderen ging mir der Kuss in der Halbzeitpause nicht mehr aus dem Kopf.

»Och bitte«, insistierte Anna, »ich hätte dich so gerne dabei. Außerdem könntest du uns fahren. So könnten wir uns schön wegballern und müssten nicht mit der Bahn fahren.«

Anna wusste, dass sie mich mit so einer Ansage tief beeindrucken konnte.

»Ja, geht klar.«

Dann fiel es mir wieder ein.

»Ihr habt Karten für die Südkurve«, sagte ich, »da darf ich mit meinem HSV-Trikot gar nicht rein.«

»Tja, dann überleg dir eine Lösung für dieses Problem. Und? Kommst du drauf?«

»Hallo?! Glaubst du echt, ich geh ohne Trikot zum HSV?«

»Das musst du wohl, wenn du mitkommen willst. Und du willst dabei sein. Ich seh doch das HSV-Funkeln in deinen Augen.«

Also zog ich mir am nächsten Tag aus Trotz Bluejeans an, blaues T-Shirt, blaue Socken, schwarz-weiße Unterbüchs, meine schwarz-weiß-blauen Adidas-Schuhe, einen Pulli der Marke Urgestein und eine blaue Jacke.

Außerdem klebte ich mir für den Fall eines Auswärtssiegs ein HSV-Trikot ins Hosenbein.

Dann setzte ich mich aufs Sofa und wartete auf Heike und Anja. Und wartete und wartete. Irgendwann kam Anna dazu, und wir warteten zusammen, weil sogar sie schon fertig war. Wir wollten eigentlich um halb zwei losfahren, aber die beiden trudelten erst um Viertel vor drei ein.

Heike hatte sich rausgeputzt, als ginge sie zu einer Afterwork-Party, Anja trug ein Bayern-Trikot. Wir waren zu Schulzeiten liiert gewesen. Ich möchte nicht sagen, dass die Trennung direkt mit Bayern München zusammenhing, aber Anjas Vorliebe für diesen Verein hat ihr sicher nicht weitergeholfen, nachdem ich erst einmal ins Grübeln gekommen war.

Ich versuchte gar nicht, die beiden zum Umziehen zu überreden, schließlich waren wir spät dran.

Im Dunstkreis des Stadions ging nichts mehr.

»Seht ihr, wie viele Menschen den HSV sehen wollen?«, wandte ich mich an meine Mitfahrerinnen.

»Haben die auch Prosecco im Stadion?«, ignorierte mich Heike.

»Glaubst du auch, dass Bayern das Triple holt?«, legte Anja nach.

Anna mixte derweil drei Hugos und beschwerte sich über meine Fahrweise. Ich gönnte ihnen keinen Schluck, da kam mir das ewige Stop-and-go gerade recht.

Es machte Riesenspaß, drei angetrunkene und gut gelaunte Mädels zu einem Fußballspiel zu fahren, welches man eh verliert.

Zu allem Überfluss hörte ich gegen 16 Uhr, als wir endlich die Drehkreuze passierten, einen markerschütternden Schrei. Ich dachte einen Moment, aus diesem »Jaaaaaaaaaaaa!« einen nordischen Unterton herausgehört zu haben, aber das beknackte Lied hinterher belehrte mich eines Besseren.

Toll, 1:0, und wir waren noch nicht einmal drin. Vielleicht hatte Bayern aber auch nur auf 1:2 verkürzt. Ein weiterer Jubelschrei riss mich aus meinen Gedanken. Ich hoffte, dass die Hohlköpfe im Stadion wegen der Wiederholung auf der Leinwand gejubelt hatten, zog aber auch das 2:2 in Betracht.

Dann kamen uns die ersten HSV-Fans entgegen, die nicht nach einem 2:2 aussahen.

Endlich konnte ich einen Blick auf die Anzeigetafel werfen: 4:0!

Mir wurde schlecht, die angeschickerten Hühner lachten sich kaputt.

Wenn man ins Stadion kommt und es steht schon 4:0, das ist, als komme man ins Kino, wenn gerade der Abspann läuft. Oder wie wenn man zwei Stunden zu spät zu einer wichtigen Prüfung kommt. Der ganze Druck fällt zwar ab, aber es fühlt sich schlimm an.

Bis zur Pause legten die Bayern gnädigerweise nur noch ein Tor nach, trotzdem war ich bedient. Ich sagte den Mädels, die nur noch ab und an losgelacht hatten, wenn sie mich anschauten, dass ich mir die zweite Halbzeit im HSV-Block anschauen würde. Die Jungs brauchten mich jetzt, also machte ich mich auf den Weg. Vor dem Eingang des Gästeblocks standen einige HSVer, also fragte ich sie, ob sie mich reinschleusen könnten.

»Nein, auf keinen Fall«, sagte ein Zwei-Meter-Hüne, »wir haben dich vorhin reinkommen sehen. Mit einer in 'nem Bayern-Trikot. Das ist widerlich. Womöglich hattest du schon mal was mit der. Hau ab!«

Es blieb mir nichts anderes übrig, als wieder zurückzugehen. Ich traf die drei am Bierstand, wo sie in der Schlange einen Flachmann kreisen ließen, ging zu Anna und fragte: »Wie heißt du?«

Anna schaute mich mit großen Augen an.

»Geht's dir gut?«, fragte sie.

Mist, ich hatte vergessen, sie einzuweihen.

Irgendwie musste ich die Situation retten, denn ungefähr 20 Leute schauten uns an.

13

»Du hast schöne Augen!«, sagte ich. »Willst du mich küssen?«

»Halt die Klappe und hol Bier, wir gehen solange aufs Klo!«, antwortete Anna und lachte.

Die Männer um mich herum waren begeistert und bewarfen mich mit leeren Bierbechern.

Auch die zweite Halbzeit in der Südkurve war spitze. Die Bayern hatten mittlerweile auf 8:0 erhöht.

Wenigstens konnte ich jetzt gefahrlos mein HSV-Trikot tragen.

Die Bayern-Fans klopften mir auf die Schulter und drückten mir Biere in die Hand. Allerdings nicht – wie ich es mir ausgemalt hatte – wegen der geschicktesten Zunge Süddeutschlands, sondern einfach aus Mitleid. Das war kein schönes Gefühl, ich trank dennoch alle Becher aus, schließlich waren sie von Bayern-Geld bezahlt. Man muss diesen Verein von der Basis her ausbluten lassen.

Auch Anna war inzwischen sauer. Zum einen, weil ich nicht mehr fahren konnte, zum anderen weil ich schon wieder Anja zu ihr gesagt hatte. Immer, wenn ich mit den beiden unterwegs bin, verwechsle ich ihre Namen. Anja und Anna, das ist schon verdammt ähnlich, da kann ich doch nichts dafür. Zudem war ich mit beiden schon zusammen, und beide haben lange Haare.

Warum kann Anna nicht einfach Astrid heißen, dann könnte nichts passieren.

Der Vorvorvorvorvorvoranschlusstreffer brachte mich auf andere Gedanken.

Fast hätte ich gejubelt, doch ich gestand mir ein, dass der HSV das Ding wahrscheinlich nicht mehr würde drehen können.

Am Ende stand es 9:2, der Bremen-Drecksack Pizarro war an sechs Toren beteiligt, und ich saß bedient auf der Tribüne. Heike, Anna und Anja (oder umgekehrt) waren schon mit der S-Bahn weg, ich sollte im Auto warten, bis ich wieder fahren konnte, und dann nachkommen.

Ein Bayern-Fan brachte mir ein letztes Bier und setzte sich neben mich.

»Kopf hoch«, munterte er mich auf, »ihr steigt schon nicht ab.«

Als ich ihn dankbar anschaute, fuhr er fort: »Außerdem hast du schöne Augen. Wie heißt du?«

MR. DIRTY TALK

Objektiv betrachtet hat Materazzi durch seine Provokation gegen Zidane die WM entschieden.

Rekapitulieren wir: Materazzi hält Zidane am Trikot fest.

Zidane sagt: »Du kannst mein Trikot nach dem Spiel haben!«

Guter Spruch, da kann man nix sagen.

Jetzt antwortet Materazzi: »Deine Schwester wäre mir lieber!«

Materazzi hat also noch einen draufgesetzt. Respekt, das ist definitiv sehr lustig.

Den Kopfstoß hat jeder vor Augen, doch warum auch der Italiener gesperrt wird, verstehe, wer will.

Ist auch völlig egal, eines steht jedenfalls fest: Wenn man durch Provokation eine WM entscheiden kann, muss das bei einem Altherrenspiel erst recht möglich sein.

Demnach mache ich mich vor dem Spiel gegen die Senioren des FT Gern nicht warm, sondern bereite mich in der Kabine mit einem Schimpfwörterbuch und Brad Gilberts Buch *Winning ugly* vor.

Ich nehme mir vor, auf das übliche Fußballervokabular wie Arschloch, Drecksau oder Ähnliches aus der unteren Schublade zu verzichten. Darauf reagiert sowieso kein Schwein mehr, ich muss subtiler vorgehen.

Also stelle ich mich erst einmal hinter das gegnerische Tor und lache über die kläglichen Schussversuche beim Aufwärmen. Ich selbst verzichte vorsichtshalber auf eigene Torschüsse.

Kurz nach dem Anpfiff lasse ich meinen Gegenspieler

gleich spüren, was Sache ist. Ich möchte, dass er spätestens nach 20 Minuten vom Platz fliegt.

Ich setze zuerst auf Altbewährtes und halte ihn am Trikot fest.

»Du könntest mein Trikot nach dem Spiel haben, wenn ich es dann nicht meinem Verein bezahlen müsste!«

Das sitzt, ich muss kurz überlegen.

»Deine Schwester wäre mir lieber, die ist auch sicher billiger!«, kontere ich.

»Du hast meine Schwester noch nicht gesehen«, meint er, »ich würde es mir gut überlegen.«

So komme ich nicht weiter, der Typ hat kein Fünkchen Ehrgefühl im Leib. Gott sei Dank spielen wir nächste Woche gegen NK Zagreb. Das sind noch richtige Männer, die setzen sich ein für ihre Familie.

Aber mein aktueller Gegenspieler muss doch auch irgendwie zu knacken sein. Ich lasse mein Bein stehen, als sich unsere Wege kreuzen.

»Oh, sorry, war mein Fehler, ich hab dich nicht gesehen!«, entschuldigt er sich. So ein lammfrommer Typ, langsam werde ich echt aggressiv.

Ich lege eine Schippe drauf, sage: »Ey, stimmt das, dass deine Mutter so schlecht kocht?«

»Allerdings«, sagt er emotionslos, »ich habe schon Jahre nicht mehr bei ihr gegessen.«

Na gut, über Verunglimpfungen seiner weiblichen Familienmitglieder krieg ich ihn wahrscheinlich nicht.

Vielleicht bin ich zu subtil, ich muss direkter werden.

»Spielst du eigentlich jede Woche so schlecht?«, frage ich ihn deshalb. Dummerweise zirkelt er mit seiner nächsten Ballberührung einen 20-Meter-Freistoß zum 3:0 in den Winkel.

Langsam läuft mir die Zeit weg. Was kann einen deutschen Vereinsfußballer beeindrucken? Auch meine letzten Versuche scheitern jämmerlich. Ich mache mich über die Spoiler an seinem Auto und an seinem Hinterkopf lustig und frage ihn, ob er immer noch arbeitslos sei.

»Was ist nur mit dir los?«, fragt er zurück und grinst mitleidig. »Warum bist du nur so derb und krank?«

Jetzt kann ich mich nicht mehr halten. Wie kommt die blöde Sau dazu, mich derb zu nennen? Ich beschimpfe ihn und alle, die mich beruhigen wollen.

»Schiri, du hast dein Spiel nicht unter Kontrolle. Darf mich hier denn jeder provozieren? Der hat gesagt, ich sei krank. Du pfeifst kleinlich wie ein Wirtschaftsprüfer, und die Kapitalverbrechen deckst du nicht auf. Nein, weil du in Gedanken bei deiner Schwester bist, du Depp!«

Stille legt sich über den Fußballplatz. Dann zückt der schwarze Mann Rot.

Aber es ist mir völlig egal, wie lange ich gesperrt werde. Denn das war mit Sicherheit mein letztes Spiel. Warum soll ich mich in meiner Freizeit beleidigen lassen. Das ist es nicht wert, das hab ich nicht verdient.

Ich verlasse den Platz, der Schiri pfeift wieder an. Es sind 17 Minuten gespielt.

LONDON CALLING

Vielleicht habe ich mich letztes Jahr zu weit aus dem Fenster gelehnt. Damals hatte ich großkotzig angekündigt, dass wir in diesem Jahr den Fürch-Cup holen. Der Fürch-Cup ist ein Freizeitturnier, an dem ich seit 1998 mit meiner Mannschaft teilnehme. In den Anfangsjahren haben wir das Turnier dominiert und mehrere Male den Pokal mit nach Hause genommen.

Letztes Jahr wurden wir von einer Studententruppe, den Zua Bulls, lächerlich gemacht. Nicht nur, dass sie uns auf dem Feld schwindlig gespielt haben, nein, sie mussten auch noch souverän den Bierpokal holen, den die Mannschaft bekommt, die am Ende des Tages die teuerste Getränkerechnung vorweisen kann.

Teamchef Keidel hatte also die heikle Aufgabe, das Aufgebot zu benennen. Ich musste Spieler finden, die sowohl sehr gut kickten als auch trinken konnten.

Wäre es nur ums Biertrinken gegangen, wäre mir die Nominierung leichtgefallen. Ich hätte einfach aus meinem Handy-Adressbuch wahllos sieben Leute ausgewählt. Blöderweise ist aber der Fürch-Cup primär ein Fußballturnier.

»Fußball spielen?«, lachte Jörg in den Hörer. »Ich habe mich zufällig erst gestern mit meiner Ärztin über künstliche Kniegelenke unterhalten.«

»Und?«, fragte ich zurück. »Kriegt ihr das bis zum Turnier in zwei Wochen noch hin?«

Ich ahnte aber bereits, dass Jörg nicht derjenige sein würde, der das Endspiel für uns entscheiden würde.

Wenigstens zum Trinken wollte er vorbeikommen.

Tommy dagegen sagte spontan zu. Mit Tommy habe ich zu Studienzeiten in Bamberg in der Uni-Mannschaft gespielt. Das war zwar etwa zur Zeit des Mauerfalls, aber ich hoffte, er würde mir weiterhelfen. Er war mal im Zweitligakader von Union Solingen und deshalb unglaublich gut. Doch so spontan er zugesagt hatte, so spontan sagte er auch wieder ab.

Auch bei der Rekrutierung der meisten anderen Talente lief es nicht so gut.

Knacki kurierte gerade seinen dritten Kreuzbandriss aus, Steve war mittlerweile stärker am Bierkrug als am Ball, Blacky war im Urlaub, und Tobis Achillessehne war seine Achillessehne. Auch Michi B. lief seit Wochen auf Krücken. Michi S. arbeitete seit Jahren in der Geschäftsstelle auf Schalke und hätte zwar Zeit gehabt, aber ich mag Schalke nicht. Außerdem spielen die da immer in dieser Turnhalle, er hätte die Umstellung auf Fußball im Freien wahrscheinlich eh nicht gepackt.

Zwei Tage vor dem Turnier umfasste mein Kader drei Spieler. Inklusive mir.

Immerhin, Bazi hat mal in der Landesliga gekickt. Allerdings als Klaus Fichtel noch in der Bundesliga spielte.

Dazu Breiti, mit dem ich einst aus der B-Klasse in die C-Klasse abgestiegen war.

Dann ließ sich Knacki doch überreden, sich ins Tor zu stellen. Als Torwart habe er zwar noch nie gespielt, aber so schwer könne das ja nicht sein. Außerdem versprach ich ihm eine Abwehrkette vom Feinsten.

Glücklicherweise hatte Breitis Frau Tanja Mitleid mit uns und verpflichtete einen Arbeitskollegen, der jung war und über Bezirksliga-Erfahrung verfügte.

Trotzdem war meine Verzweiflung so groß, dass ich einen Aufruf über Facebook startete.

Ich stellte mir ein kleines Casting vor, bei dem ich mir ein oder zwei Granaten würde aussuchen können.

Leider bekam ich nur zwei Zusagen, überraschenderweise beide von Mitgliedern meiner Lesebühne »Westend ist Kiez«. Alex und Felix sind großartige Literaten und haben schon exzellente Fußballgeschichten geschrieben, aber Fußball spielen?!

Felix habe ich bereits einmal auf dem Platz gesehen. Er ist so ein Klinsmann-Typ, kann sehr viel laufen und technisch … na ja, jedenfalls kann er sehr viel laufen. Spitzenvoraussetzungen für ein Kleinfeldturnier!

Alex wollte Abwehr spielen. Er sagte zwar, er könne nur so mittelgut mit der Kugel umgehen, aber er macht oft einen auf Understatement.

Damit war die Mannschaft auch komplett. Gar nicht mal so schlecht, dachte ich.

Bis zum ersten Spiel. Wir holten ein glückliches 0:0 gegen eine miese Mannschaft in Bayern-Trikots, die zwei Mädchen einsetzte. Wie sich später herausstellte, hatten sie bei der Partie ihre beste Spielerin geschont.

Es ist bezeichnend für unsere Leistung, dass Knacki, der zum ersten Mal in seinem Leben im Tor stand, unser bester Mann war.

Breiti und ich bewegten uns schwerfällig wie immer, Felix lief wie erwartet sehr viel und technisch … na ja, jedenfalls lief er sehr viel, Alex hatte nicht auf Understatement gemacht und war so mittelgut, Andi hatte allenfalls in der Bezirksliga gekegelt, und sogar Bazi passte sich unserem Niveau an.

Unsere schönste Aktion war eine verunglückte Volleyabnahme, die ins Gesicht der Torfrau klatschte.

Das war es aber auch schon mit Klatschen. Wir brachten es fertig, erst am Nachmittag im dritten Spiel unser erstes Tor zu erzielen und die Zuschauer durch Slapstick-Einlagen mehrmals zum Lachen zu bringen. Bei meinem ersten unkontrollierten Tackling trug ich ein so großes Hämatom am Schienbein davon, dass alle zufällig anwesenden Ärzte eine Amputation nicht ausschließen konnten.

Wenig überraschend schieden wir in der Vorrunde sang- und klanglos aus, was uns glücklicherweise ein Aufeinandertreffen mit dem späteren Turniersieger ersparte.

Die Bolzplatz-Legende Eisi lebte schon seit einiger Zeit in London und hatte angekündigt, mit ein paar Jungs, mit denen er sonntags im Park kickt, am Fürch-Cup teilnehmen zu wollen. Sie waren am Vortag mit dem Flieger gekommen, um auf der Anreise möglichst viel Kraft zu sparen.

Sie erkannten recht schnell, dass sie das Turnier auch gewonnen hätten, wenn sie von England nach Gröbenzell gejoggt wären.

Alle außer Eisi sahen aus wie Weltklasse-Sprinter oder American-Football-Stars, eventuell waren sie beides.

Doch sie waren nicht nur unfassbar schnell und im Zweikampf überaus robust, sondern allesamt auch noch mit einem Zauberfüßchen ausgestattet.

Wahrscheinlich hätten sie locker das Zweitligateam der Löwen geschlagen. Zu siebt auf dem großen Platz und vielleicht sogar mit Eisi.

Da sie selbstverständlich nur Wasser tranken und auch die Zua Bulls nicht so viele Mass wie sonst bestellten, witterte ich unsere Chance auf den Bierpokal.

Zum ersten Mal an diesem Tag ließ sich meine Mannschaft mitreißen. Vor allem Knacki rief wie auf dem Feld auch hier eine Weltklasse-Leistung ab.

Als ich gegen 19 Uhr die erste Zwischenrechnung über 240 Euro beglich, fragte ich nach, wie denn unsere Chancen auf den Bier-Pott stünden.

»Theoretisch ganz gut«, versicherte man mir, »allerdings war das mit dem Bierpokal letztes Jahr eine einmalige Sache. Aber vielleicht könnt ihr einen der Trostpreise abstauben. In den Kategorien schlechtester Spieler, hässlichste Verletzung und höchstes Gesamtgewicht sehe ich euch ganz vorne.«

Die letzten Worte verstand ich schon gar nicht mehr, ich trottete enttäuscht zu meiner Mannschaft zurück.

»Egal«, sagte Bazi, »vielleicht können wir uns morgen gar nicht mehr an das Turnier erinnern. Deshalb möchte ich dich schon heute darum bitten, mich nächstes Jahr nicht mehr anzurufen.«

Teamgeist ist etwas anderes. Trotzdem werde ich nächstes Jahr noch einmal die besten Fußballer einladen, die ich kenne, um endlich wieder den Fürch-Cup in den Himmel zu recken. Oder ich ziehe zu Eisi nach London.

MARKTSONNTAG

Manchmal bin ich dran mit der Freizeitgestaltung für die Familie. Ist nicht sonderlich schwer: Zeitung auf – aha, Marktsonntag in Fürstenfeldbruck – Zeitung zu, Abfahrt.

Herrliche Essensstände, schlendern, Luftballons für die Kleinen und hinterher noch ein Weißbier im Stehen. So stellte ich mir das vor. Dann herrschte ein wahnsinniges Gedränge, es gab nur miese Verkaufsstände und miese Verkäufer mit lachsfarbenen Jacketts und Micky-Maus-Krawatten.

Und die Einheimischen! Mann, da fährst du 20 Kilometer aus München raus und bist sofort in der Cowboystiefel-Röhrenjeans-Dauerwellen-Zone. Ich will mich hier nicht elitär aufspielen, aber solche Bauern, mein lieber Schwan.

Erst hab ich noch gelacht, dann traf mich mit einem Schlag die Sonntagsdepression. Denn, oh Gott, egal wie alle hier aussahen, alle verdienten mehr Geld als ich, und Ärger auf der Arbeit hatte ich auch und dazu Rückenschmerzen. Ich wollte meine Familie an mich drücken, aber Anna war schon eine halbe Stunde lang verschwunden, und Tom hatte schlechte Laune. Sicher vom monotonen Cowboystiefelgeklapper.

Ich fand Anna vor einem Spielzeugladen. Ich solle ihr helfen, ein Geschenk für die kleine Franca aus der Krabbelgruppe zu finden. Kaum zu glauben. Ich stand kurz vor dem Suizid, sollte aber Entchen quietschen lassen und Barbiekleidchen auswählen. Ich sagte »schön« und »auch schön« und »natürlich kannst du das verschenken« und verzog mich zu den Tipp-Kick-Spielen.

Meine Laune besserte sich, ich rutschte mit meinen Gedanken in meine Kindheit. Als ich mit Hulge jeden Samstag vom Morgengrauen bis zur Sportschau Tipp-Kick spielte. Wir trugen oft über Monate hinweg komplette Europapokale der Landesmeister aus. Nur wenn uns Hulges Mutter Treets-Schokoklicker und Sunkist hinstellte, schalteten wir den Küchenwecker ab und unterbrachen Hammerpartien wie Dnjepr Dnjepropetrowsk gegen die Grashoppers aus Zürich. Schöne Erinnerungen, aber was sollte ich jetzt in einem Spielzeugladen?

Ich wollte nur noch raus, schließlich war ich 36. Beim Verlassen des Ladens nickten Tom und ich der Dame an der Kasse kurz zu, als mich plötzlich die ach so lustigen Ecstasypillen, ihr wisst schon, unser WM-Logo 2006, von einem Heftchen aus angrinsten.

Wahnsinn, endlich, das Panini-WM-Album war da! Mir wurde ein bisschen schlecht vor Aufregung, und meine Speichelproduktion lief auf Hochtouren. Ich stellte den Kinderwagen zur Seite und kramte in meinen Hosentaschen hektisch nach Geld. Ich fand zehn Euro. Ein Euro für das Album und neun Euro für 18 Tütchen zu je fünf Bildern.

»Für den Kleinen«, sagte ich, während ich meine Beute verstaute.

Ich wollte den Landeiern keine Angriffsfläche bieten, auch wenn ich mich gerne zum Einkleben auf die nächste Bank gesetzt hätte. Überhaupt finde ich, dass erwachsene Panini-Sammler von der Gesellschaft etwas zu sehr belächelt werden. Schon bei der WM zuvor haben die Leute komisch geschaut, wenn ich mit meinen Kumpels im Biergarten Doppelte getauscht habe. Dabei waren wir damals erst so um die 30. Außerdem sind Panini-Bilder überhaupt nichts für Kinder. Wer schon einmal mit Kindern getauscht hat, weiß, wovon ich rede. Kinder haben keinen Respekt vor der Sache. Ihre Doppelten haben Eselsohren, und sie kleben die Bilder krumm ein. Sie transportieren ihr Album ohne Tüte, und so schaut es dann auch aus. Nein, Panini und Kinderhände, das passt nicht zusammen.

Als Tom am Abend im Bett lag, konnte es endlich losgehen. Was das Einkleberitual betrifft, bin ich etwas eigen. Am liebsten habe ich Ruhe und reiße zuerst ein Tütchen auf und klebe dann die Bilder ein. Ist ja auch logisch, aber ich meine, dass ich nicht wie manch andere erst alle Tütchen aufreiße und dann alle Bilder zusammen einklebe. Womöglich noch sortiert nach Nummern, wie unsportlich.

Bei jedem Spieler schaue ich nach, wie viele Jahre er jünger ist und wie viele Kilos er weniger wiegt als ich. Zudem kann man jede Menge über die Spieler erfahren. Beispielsweise, dass Kevin Kuranyi (14 Jahre jünger, 8 Kilo leichter) in Rio de Janeiro geboren ist. Ich sehe ihn vor mir an der Copacabana. Er weint bitterlich, weil ihn Ronaldinho (11 Jahre jünger, 16 Kilo leichter) und die anderen Jungs nicht mitspielen lassen. Weil ihm der Ball immer so weit wegspringt und er einfach zu schlecht Fußball spielt.

»Okay«, schreit er, »dann gehe ich eben nach Deutschland und werde dort Nationalspieler!«

Aber das nur am Rande.

Nachdem ich alle 18 Päckchen ausgepackt und alles eingeklebt hatte, stellte ich erstaunt fest, dass ich kein einziges Bild doppelt hatte. Warum das denn bitte? Wie würde ich dastehen, falls am nächsten Tag jemand mit mir tauschen wollte?

Schnell fuhr ich noch zur Tanke und legte für acht Euro nach. Und siehe da, 15 Doppelte. Schließlich ist das Tauschen das Schönste. Außer mit Kindern, die geben dir willenlos einen Frank Lampard und sind mit einem Fabian Ernst im Gegenzug einverstanden. Das macht keinen Spaß. Bei einem Erwachsenen muss man da locker noch einen Wjatscheslaw Swiderskyj drauflegen.

Bis dato habe ich 216 Bildchen eingeklebt, fehlen nur noch 380. Ich habe hochgerechnet, dass ein volles Album höchstens 80 Euro kostet. Vorausgesetzt, man tauscht clever. Kinder kaufen ja oft noch weiter ein, auch wenn sie schon 300 Doppelte haben …

Der Tag hatte übel begonnen, aber am Abend fiel ich richtig glücklich ins Bett. Ich hatte noch viele Leute angerufen und ihnen mitgeteilt, ab sofort als Tauschpartner zur Verfügung zu stehen.

Und Tom wird mit 18 sein erstes Album bekommen.

DER TAG, AN DEM DAS SANDMÄNNCHEN STARB

Geil! Europameisterschaft! Deutschland gegen Portugal. Cristiano Ronaldo heimschicken. Den schlechten Fußballer mit seiner Scheißfigur.

Meine Vorbereitung auf das Spiel war Weltklasse.

SZ, *AZ* und *Bild* gelesen, zehn Freunde eingeladen, Grill angeheizt und die Kinder rechtzeitig ins Bett gebracht. Das Bier wartete im Kühlschrank.

Ich versuchte, die Nationalhymne synchron mitzusingen und synchron mit dem Anpfiff das erste Bier aufzumachen. Geschafft!

Dann hörte ich Tom nach seiner Mama rufen. Glaubte ich.

Anna war sich dagegen sicher, dass er nach Papa geschrien hatte.

»Er ist zurzeit unglaublich mamafixiert«, versuchte ich es, »außerdem würde ich auch hochgehen, wenn Strick-WM wäre.«

»Vergiss es«, sagte sie, »heute bist du dran.«

»Aber heute spielt Deutschland gegen Portugal!«

»Ja, eben, bei Griechenland gegen Russland würde ich gehen.«

Podolski fegte gerade über die linke Seite, als ich den Raum verließ.

Meine Freunde hatten durchaus Verständnis. Sie sagten Sachen wie »Gute Nacht« und »Ist doch nur ein Spiel wie jedes andere«.

Tom hatte Angst vor dem bösen Wolf. Das hat man nun von der blöden Vorleserei. Normalerweise schläft Tom jede

Nacht durch, ausgerechnet heute musste der böse Wolf kommen. Ich beruhigte ihn und schlug ihm vor, sich im Falle eines Falles im Uhrenkasten zu verstecken. Und ich kündigte ihm an, dass ich ihn beim nächsten Pieps selbst auffressen würde. Mit Haut und Haaren! Just in diesem Moment hörte ich von unten den Torjubel.

Ich sprintete runter und sah gerade noch die Wiederholung. Eine Sekunde später schrie Luzie. Sie konnte noch nicht reden, aber ich verstand auch so, dass sie in ihr Bett gekotzt hatte. Anscheinend hatte sie ihre tägliche Portion Grillfleisch nicht vertragen. Ich wechselte die Bettwäsche und wartete auf den nächsten Torschrei. Er kam. Zwischen Bettlaken und Kopfkissen rannte ich nach unten.

Nein, Anna wollte Luzie nicht abduschen und frisch anziehen.

»Das Spiel ist Wahnsinn!«, rief sie.

»Mag sein«, antwortete ich, »aber meine Kinder sind mir das Wichtigste im Leben. Da rennen doch nur 22 Männer einem Ball hinterher. Ich geh wieder hoch zu meinen Rabauken.«

Eine Viertelstunde später, nachdem sich Luzie von meinem Nasenstüber wieder erholt hatte, saß ich auf dem Sofa und nuckelte an meinem ersten Bier. Die anderen befanden sich in Hochstimmung, auch ich begann, mich langsam zu freuen.

Eine Minute später schoss Nuno Gomes trotz seines Namens das 1:2, und es war Halbzeit.

Ich wartete auf die Zusammenfassung, konnte sie aber nicht sehen, weil sich Tom wieder meldete. Er wollte Wasser trinken. Also ging ich runter und holte Wasser.

Die anderen spielten für mich im Garten die besten Szenen nach, aber ich hatte keine Zeit.

Als Tom den ersten Schluck getrunken hatte, schaute er mich entsetzt an.

»Ich will kein Brizzelwasser!«, heulte er los.

»Auch nicht im Gesicht?!«, schrie ich ihn an. Dann holte ich Leitungswasser.

»So«, sagte ich, »und wenn ich jetzt noch einen Mucks höre, gibt's morgen kein Sandmännchen.«

Das zeigte Wirkung. Luzie hingegen war das Sandmännchen relativ egal, sie schrie aus allen Rohren. Vielleicht war der Daunenschlafsack die falsche Wahl, denn sie war von Kopf bis Fuß durchgeschwitzt.

Ich kleidete sie neu ein, obwohl mir klar war, dass ich wieder ein Tor verpassen würde. Und zack, 3:1.

Dieses Mal konnte ich die Wiederholung nicht sehen, weil ich vergessen hatte, Luzie eine neue Windel anzuziehen. Ich merkte es sehr schnell, als sich der Durchfall durch den Body presste.

»Nein, nein, alles kein Problem, schaut ihr nur schön Fußball«, sagte ich auf dem Weg in den Keller, »ich mach nur noch schnell 'ne Wäsche. Muss ja auch mal gemacht werden.«

»Sogar Rolfes spielt gut«, sagte Gerhard.

»Na dann. Ich muss nur kurz zu Tom, ich glaube, er hat gerufen. Vielleicht mag er noch ein Legohaus bauen oder ein Puzzle machen.«

»Das Puzzle mit SpongeBob mag er so gerne«, schlug Anna vor.

Aber nein, Tom wollte nur ein bisschen plaudern. Ist ja kein Thema, wenn Deutschland gegen Portugal spielt, unterhalte ich mich ganz gerne über Nacktschnecken, Bohrmaschinen und Ritter.

Nach recht lauten und intensiven 30 Sekunden war alles ausdiskutiert, und ich durfte die Schlussphase anschauen.

Kaum hatte ich Platz genommen, fiel das 2:3 für Portugal.

»Musst du nicht noch deine Hemden bügeln oder Unkraut jäten?«, fragten meine witzigen Freunde.

Aber ich war schon voll drin im Spiel, die Spannung war greifbar, und unsere Abwehr taumelte angeschlagen durch den Ring. Ich war insgesamt erst gefühlte sechs Minuten dabei, aber das Spiel war sensationell.

Ich fieberte dem Abpfiff entgegen, sollte ihn aber nicht mehr hören.

Luzie brüllte wie am Spieß. Ich rannte hoch. Tom stand vor Luzies Bettchen und schrie »Deutschland, Deutschland!«.

Eigentlich keine schlechte Idee, Luzie etwas EM-Stimmung zu vermitteln, lediglich der Zeitpunkt war unglücklich.

Tom flog in hohem Bogen ins Bett, und während ich Luzie in den Schlaf schaukelte, wurde in Deutschland gejubelt.

Da ich mir keine Sprüche mehr anhören wollte, ging ich direkt ins Bett. Anna meinte später, dass einem Kinder so etwas später mit einem Lächeln wieder zurückzahlen.

Oh ja, Tom würde bezahlen. Sehr teuer bezahlen.

Am nächsten Abend saß er wie immer um Viertel vor sieben vor dem laufenden Fernseher und wartete auf das Sandmännchen. Aber es kam nicht. Ich drückte auf die Fernbedienung und sah ihm tief in die Augen.

»Tom«, eröffnete ich, »du musst jetzt ganz stark sein.«

MONSIEUR VÖLLER

Es gibt einige sehr schöne Fußballkneipen, etwa das »Vereinsheim« in Schwabing, den »Stauder« in Rimpar oder den »11er« in Augsburg mit dem dicken Wirt.

Und es gibt das »Stadion an der Schleißheimer Straße«. Das ist sowohl eine Fußballkneipe als auch ein Fußballmuseum. Jeder Fußballfan könnte dort ganz alleine, auch ohne Alkohol, Stunden verbringen, ohne dass ihm langweilig würde. Ich korrigiere mich: alleine um alle Trikots, Wimpel und Schals anzuschauen, würde er schon Stunden brauchen.

Da wurden nicht lieblos irgendwelche Trikots an die Wand gepinnt, die meisten davon sind Wahnsinn. Gerade wer mit dem Fußball der achtziger Jahre groß geworden ist, ist hier goldrichtig.

Da hängt ein ARAG-Düsseldorftrikot im Bilderrahmen neben einem Doppeldusch-Löwentrikot, einem Portas-Eintrachttrikot und einem Seidensticker-Bielefeldtrikot. Zu Letzterem wird selbstverständlich ein Bild mit Ewald Lienens aufgeschlitztem Oberschenkel dazugereicht.

Hat man sich an den Wänden abgearbeitet, kann man sich auf den original Stadionsitzen auf der Tribüne ausruhen und sich dabei an der Decke die Bilder der Spieler einer Traum-Thekenmannschaft anschauen. Ein Basler darf da nicht fehlen, ebenso wenig wie Uli Borowka, Ansgar Brinkmann oder Thorsten Legat. Ich persönlich habe mich beim Studieren dieser Bilder besonders über Rainer Schütterle gefreut, an den ich schon zehn Jahre nicht mehr gedacht hatte.

Alle Spieler sind liebevoll in taktischer Formation auf Kunstrasen getackert, der Gegner ist eine All-Time-Nationalmannschaft mit Spielern wie Toni Schumacher, Jürgen Kohler und Fritz Walter, trainiert von Sepp Herberger.

Ansonsten sind für mein Gefühl zu viele Bayernspieler in der Truppe, aber ich lebe nun mal in München. Wenigstens hat es Uwe Seeler in die Startelf geschafft, wenn sie schon Manni Kaltz, Horst Hrubesch und Peter Nogly vergessen haben.

Schmerzt dann irgendwann der Nacken zu sehr, wendet man sich den Tausenden von Zeitschriften und Büchern zu, die man in allen Ecken der Kneipe finden kann. Sucht man darin lange genug, kann man jede erdenkliche Fußballfrage beantworten. Sicher kann man auch googeln, aber wo bleiben da der Spaß und die Romantik?

Eine Fußballkneipe kann nicht schöner sein, einzig der hässliche St.-Pauli-Schal neben dem wunderschönen HSV-Schal stört die Ästhetik etwas.

Gestern war ich zum Spiel Bayern gegen Barcelona da. Hier ein Champions-League-Spiel des HSV anzusehen wäre die Krönung, aber in diesem fantastischen Ambiente machte sogar dieser müde Kick der beiden FCBs Laune.

Um die Stimmung meiner Münchner Freunde nicht überkochen zu lassen, sagte ich alle zehn Minuten einmal »Barcelona '99«.

Die gesamte Halbzeitpause verbrachte ich auf der Toilette, weil auch sie gespickt ist mit Fußballdevotionalien. Ich kann mir nicht vorstellen, dass es in Deutschland eine öffentliche Toilette gibt, die eine längere durchschnittliche Verweildauer vorweisen kann.

Auf dem Rückweg blieb ich an einer Collage hunderter

33

Fußballerköpfe hängen und versuchte hochzurechnen, wie viel Prozent ich davon kannte.

Plötzlich hörte ich Stimmen hinter der Tür in meinem Rücken. Da ich ein verborgenes Pokalzimmer oder ein ähnliches Schmankerl in diesem Raum vermutete, trat ich ein. Im Zimmer war es sehr hell, meine alten Augen und mein kleines Gehirn brauchten eine Weile, bis ich verstand, was ich sah.

An einem Tisch saßen Uli Borowka, Ansgar Brinkmann und Mario Basler.

Basler sagte gerade zu Borowka: »Je m'appelle Mario.«

Ich fragte mich, was der Grund sein könnte, dass Basler Borowka seinen Vornamen mitteilt, noch dazu auf Französisch. Dann sah ich ein Stück weiter Rudi Völler vor einer Schultafel stehen, auf der, dreimal unterstrichen, »Subjonctif« stand.

Die Antwort auf meine Frage hätte also lauten können, dass Völler, der früher für Olympique Marseille gespielt hat, den drei anderen Französisch-Unterricht gab.

Das kam mir spanisch vor, also fragte ich nach: »Kann es sein, dass Sie, Herr Völler, den anderen Französisch-Unterricht geben?«

»Ja«, antwortete Völler, »aber ich bin nur die Vertretung, Karl-Heinz Förster ist kurzfristig krank geworden.«

»Okay«, sagte ich, obwohl ich nichts verstand, »nächste Frage: Ist es Zufall, dass Ihre drei Schüler allesamt Teil der Thekenmannschaft sind, die drüben an der Decke hängt?«

»Das ist keine Thekenmannschaft«, schaltete sich Brinkmann ein, »das ist unsere Schulmannschaft. Wir haben hier so etwas wie eine Volkshochschule für Ex-Profis. Das Medieninteresse wäre für die Jungs an einer normalen VHS einfach zu groß. Wir alle haben genug Geld verdient, jetzt wollen wir noch schnell Französisch lernen und nächstes Jahr zusammen in der Bourgogne Wein anbauen.«

»Magnifique!«, sagte ich, um etwas Zeit zu gewinnen. Kapiert hatte ich immer noch nichts. »Kommt Thorsten Legat auch noch?«

»Nein«, antwortete Borowka, »Thorsten hat kein so großes Sprachentalent. Er ist in der Töpferklasse, die sich donnerstags trifft.

Hm, die Zusammenhänge würde ich vielleicht später verstehen, ich brauchte mehr Input.

»Was lernt Uli Stein, euer Keeper?«

»Der ist im Kunstkurs. Bei Rudi Kargus.«

»Und Rainer Schütterle?«

»Ach der!« Mario Basler winkte ab.

»Der sitzt meistens draußen am Tresen und trinkt Bier. Wir lassen ihn nur aus Mitleid in der Schulmannschaft mitspielen. Vielleicht kriegen wir ihn noch dazu, einen Kurs zu belegen.«

»Letzte Frage«, sagte ich, »dann könnt ihr euch wieder dem Subjonctif zuwenden. Draußen spielt Bayern gegen Barcelona. Warum schaut ihr euch das nicht an oder seid gar im Stadion?«

»Weil das Ganze nichts mehr mit Fußball zu tun hat. Die Kneipe schon, die ist Weltklasse, aber die Champions League ist ein Witz. Nur noch Vermarktung, verschobene Spiele und gut frisierte Spieler. Das langweilt uns. Es dauert wahrscheinlich nicht mehr lange, und der Fußball wird schlimmer als die Formel 1. Wir finden es wichtiger, uns weiterzubilden und unseren Horizont zu erweitern. Die Spieler heutzutage verblöden doch komplett und beherrschen nach ihrer Karriere nichts außer ihrer Playstation.«

Basler holte kurz Luft, schon sprang ihm Brinkmann zur

Seite: »Wir dagegen wussten frühzeitig, dass wir uns den Traum vom Weingut verwirklichen werden. Uli hat nebenher seinen Diplom-Betriebswirt abgelegt, ich habe Weinbau studiert, und Mario übernimmt alles Technische. Das wird 'ne runde Sache!«

All das war zu absurd, um nicht wahr zu sein.

»Bonne chance, salut!«, warf ich in die Runde und verließ das Klassenzimmer.

»Alors attention, messieurs, le subjonctif …«, hörte ich Monsieur Völler noch sagen, dann war ich wieder drin in dieser komplett verrückten Kneipe.

Ich verabschiedete mich auch bei meinen Kumpels, irgendwie war mir die Lust auf die Champions League vergangen. In Zukunft würde ich mir nur noch HSV-Spiele anschauen. Da könnte ich sicher sein, dass die gewonnenen Spiele nicht gekauft wurden. Wovon denn?

Weil ich die ganze Nacht vom »Stadion« geträumt habe, wusste ich heute Morgen nicht mehr, ob das gestern alles wirklich passiert ist. Und, was soll ich sagen, ich bin jetzt drin in der Künstlergruppe um Rudi Kargus. Cool fände ich, wenn ich es in die Schulmannschaft schaffen würde.

Ansonsten setze ich mich einfach zu Rainer Schütterle an die Bar.

Ich kenne ihn zwar noch nicht, aber irgendwie ist er mir jetzt schon näher als die ganzen Streber … Weingut, tststs!

HELLI HÖRT AUF

Ich habe den Nilles Helli beim SC Laim als Stimmungskanone kennengelernt. Ein überragender Typ, immer einen witzigen Spruch auf den Lippen.

Helli ist ein paar Jährchen älter als ich, wird aber sicherlich mit 60 noch um einiges laufstärker sein, als ich mit 25 war.

Diese Gewissheit war mit ein Grund, warum ich meine trostlose Vereinskarriere zu diesem Zeitpunkt schon längst beendet hatte.

Von Helli dagegen hatte ich gehört, er würde gerade die Saison seines Lebens spielen. Deshalb war ich überrascht, als ich ihn ausdruckslos in sein Bierglas starrend an der Theke der »Nachtkantine« vorfand. Zumal er sonst nie Bier trank. Ich witterte einen Weltklasseabend.

Schon ohne Alkohol konnte man viel Spaß mit Helli haben, mit ein paar Bierchen würde die Nacht sicher uns gehören.

»Wie geht's, mein Freund?!«, schrie ich ihm ins rechte Ohr, nachdem ich ihm auf die linke Schulter getippt hatte. Mensch, war ich gut gelaunt.

»Katastrophal«, sagte er. »Ich bin nicht mehr mit meiner Freundin zusammen, und im Job läuft es gerade auch nicht so. Außerdem ist mir schlecht vom Bier.«

Na ja, dachte ich mir, nicht gerade Gründe, um die Seelsorge anzurufen. Vom Bier war's mir auch schon mal schlecht, und solo war Helli noch nie länger als 48 Stunden. Und wenn es in seinem Job mal nicht so lief, blieb ihm sicher noch das Achtfache meines Hungerlohns.

Aber weil ich eben so eine Hammerlaune hatte, wollte ich ihn auf andere Gedanken bringen und erzählte ihm einen Witz. Keinen schlechten, wie ich fand.

Er lachte nicht, sagte stattdessen: »Ach ja, und bevor ich's vergesse, am Sonntag hab ich mein letztes Spiel in der Ersten Mannschaft gemacht.«

»Hä? Wieso?«, fragte ich. »Langweilt dich die Kreisliga? Willst du noch mal höher spielen?«

Jetzt lachte er: »Nein, ich habe ganz aufgehört, ich kicke höchstens noch im Westbad oder im Englischen Garten.«

»Warum das denn? Alle erzählen mir, dass du zurzeit so stark bist!«

»Fand ich auch, aber dann hab ich gegen den Bayram von Untermenzing gespielt. Sie hatten mich ja vorgewarnt, er hätte schon zweite albanische Liga gespielt. Ich hab nichts drauf gegeben. Jeder Südländer hat in seinem Heimatland mindestens zweite Liga gespielt. Du hast ja damals auch gesagt, du kämst aus der Bezirksoberliga. Wir haben seinerzeit lange überlegt, in welcher Sportart das gewesen sein könnte.

Egal, am Sonntag hab ich dem Bayram gleich zu Beginn gesagt, er solle mal zeigen, was er so draufhabe.

Nach fünf Minuten hatte er mich gefühlte acht Mal ausgespielt und einen 16-Meter-Volleykracher unter die Latte genagelt. Selbst wenn ich ihn foulen wollte, ist er mit einem Lächeln im Gesicht über mein Bein gesprungen.

Nicht einmal provozieren konnte ich ihn, weil ich vor Erschöpfung nicht mehr sprechen konnte. Ich kam mir vor wie ein Europäer bei Olympia, der gerade das zweite Mal vom Kenianer überrundet wird.

In der Halbzeitpause hab ich um die Auswechslung gebettelt.

›Nein‹, hat der Trainer gesagt, ›das Spiel hast du uns eh schon verloren, da musst du jetzt durch.‹

Das waren dann auch die schlimmsten 45 Minuten meiner Karriere.

Bayram hat mich zu jeder Gelegenheit gedemütigt, an mehr als zwei Ballkontakte kann ich mich nicht erinnern. Zwei Einwürfe. Dann kam die 85. Minute. Ich stolperte nur noch über den Platz, und Bayram wurde 20 Meter vor dem Tor angespielt. Er wusste, dass er mich tunneln würde, ich wusste es, und die Zuschauer wussten es auch.

Und dann … Überraschung … tunnelte er mich. Er hatte freie Bahn, hätte abziehen können, dachte aber wohl kurz an Lance Armstrong und wartete auf mich. Ich rannte ihm hinterher und betete, er würde mir den Ball kein zweites Mal durch die Beine spielen. Vergeblich, er tunnelte mich. Zuschauer bestätigten hinterher, sie hätten es schon vorher vermutet.

Ein Raunen ging durch die Reihen. Daraufhin machte er dem grausamen Spiel ein Ende und hämmerte den Ball in den Winkel.

Ich hatte gehofft, dass dies der Schlusspunkt der Demütigungen war. Doch Bayram tanzte einen Lambada an der Eckfahne, warf mir eine Kusshand zu und lief zu den Zuschauern, die seinen Namen skandierten.

Nach einer kurzen La Ola war er schon auf dem Weg zur Mittellinie, als er sich noch einmal umdrehte und schnurstracks zur hübschesten Frau der Kurve lief. Ich hatte sie schon während des Spiels ausgespäht und wollte sie später ansprechen. Sicher war ich ihr auch aufgefallen.

Bayram jedenfalls nahm theatralisch ihren Kopf zwischen die Hände und steckte seine Zunge ganz tief in ihren Hals. Dabei blinzelte er mir zu.

Ich ging ohne Auswechslung in die Kabine. Ich bin knapp 35 und muss mir das nicht mehr antun. Oder? Was meinst du, Volker?«

Ich nahm ihn in den Arm und täuschte einen Zungenkuss an. Ich konnte gut nachvollziehen, wie er sich fühlte. Nur einer kann einem Mann in so einer Situation helfen.

»Barkeeper, zwei Schnaps, bitte! Zwei Doppelte!«

MEIN ERSTES BP-TRIKOT

Seit 1977 möchte ich ein BP-Trikot besitzen. Damals war leider das Merchandising noch nicht voll auf der Höhe, weshalb man in Würzburg keines kaufen konnte. Doch auch wenn es eines gegeben hätte, hätte ich es von meinen Eltern nicht bekommen.

»Waaas? 80 Mark für ein T-Shirt, bist du verrückt?«, hätte mein Vater gesagt.

Stattdessen überreichte er mir eines Tages stolz ein mieses Erima-Trikot, auf das meine Mutter einen drittklassigen HSV-Aufnäher gestickt hatte. Sicher war es gut gemeint, und ich war weit davon entfernt, ein Marken-Fetischist zu sein, aber dieses Trikot war definitiv schlecht. Widerwillig zog ich es an, allerdings nur auf dem Bolzplatz.

Als mir Jochen zwei Wochen später mit einem sauberen Tritt das Schienbein durchtrennte, landete das Trikot in meinem Schrank ganz unten.

Als ich 18 war und endlich mein Konto hätte überziehen dürfen, löste die Firma Sharp BP als Sponsor ab, ich entdeckte die Mädchen, und mein BP-Traum geriet ein wenig in den Hintergrund.

Erst als eBay aufkam, wurde ich wieder heiß. Mindestens einmal die Woche füttere ich seitdem die Suchmaschine mit »HSV BP Trikot«.

Meistens schnellen die Angebote schon drei Tage vor Auktionsschluss auf Preise über 100 Euro, und das ist zu viel.

Mir zwar nicht, aber meiner Frau.

»Pfui«, werden jetzt einige sagen, »wen liebst du mehr, den HSV oder deine Frau?«

Genau, denke ich und war schon kurz davor, bei 187,49 Euro zuzuschlagen. Aber ich will meine Kinder nicht nur am Wochenende sehen, und die wollen sicher nicht jedes Wochenende Sky gucken. Dann entspanne ich mich stets, nehme den Finger von der Maus und warte auf ein besseres Angebot.

Kurz vor Weihnachten war es dann so weit. Acht Minuten vor Ende nur 34 Euro. Original BP-Trikot. Okay, zwar aus der Saison 86/87, als die ganz großen Erfolge schon ein paar Jahre zurücklagen, aber vielleicht hatte dieses Stück Stoff schon Dietmar Beiersdorfer oder Sascha Jusufi getragen.

Ich bot, wurde überboten, bot erneut, wurde überboten, bot nochmals und zack: »Herzlichen Glückwunsch!«

Mir schossen Tränen in die Augen. 3, 2, 1, meins für läppische 47 Euro.

Ich umarmte Anna, und sie fragte mich, ob ich einen Schuss hätte, 47 Euro für ein 23 Jahre altes Fußballtrikot zu bezahlen?!

»Anna«, sagte ich, »vielleicht hat dieses Trikot schon Sascha Jusufi getragen. Oder Dietmar Beiersdorfer.«

»Vielleicht«, meinte sie, »vielleicht aber auch sein Zwergpinscher. Hast du mal auf die Größe geschaut?«

Nein, hatte ich nicht. Größe S. Ich hatte ein bisschen abgenommen und rannte zum Spiegel, aber nach Größe S sah mein Körper nicht aus. Auch nicht mit gutem Willen.

Ein paar Tage später zog ich es hastig aus dem Briefkasten und probierte es an. Weder ich noch das Trikot waren zufrieden. Nur Anna lachte sich schlapp. Na gut, dann würde es eben Tom bekommen, der alte Glückspilz.

»Tom, komm mal her«, schrie ich, »Papa hat was für dich!«

Ich bringe ihm manchmal ein Buch oder Piratenaufkleber mit, er stand nach circa anderthalb Sekunden vor mir.

»Das, mein Sohn, wird einmal dir gehören, freust du dich?«

»Ich will das nicht«, antwortete er, »ich will Bayern!«

Mir gefror das Lächeln.

Dieser Typ war noch keine vier Jahre alt, und ich hatte ihn damals aus dem Krankenhaus nach Hause getragen. Ich hatte ihn gewickelt, gewaschen und gefüttert. Ich hatte täglich mit ihm auf der Playstation gezockt, und er durfte bei HSV-Spielen neben mir sitzen und den Mund halten. Ich hatte ihm das Fahrradfahren beigebracht und ihm mit dem Rotzsauger den Rotz aus der Nase gezogen. Und genau dieser Typ wollte ein Bayern-Trikot von mir. Der spinnt wohl.

Jetzt wurde mir klar, warum meine Frau den Erziehungsurlaub in Anspruch genommen hatte. Warum habe ich nur eine Münchnerin geheiratet? Gut, sie ist meine Traumfrau, aber ist es das wert? Sie hat meinen Sohn zweifellos einer Gehirnwäsche unterzogen.

Ich war verzweifelt. Spontan enthauptete ich ein Playmobilmännchen.

Tom fing an zu weinen, blieb aber bei seiner Meinung: »Ich will Bayern!«

Ich fuhr die harte Tour: Fernsehverbot! Spinat mit Ei! Ohrenlangziehen! Ich les dir nie mehr vor! Vielleicht zieht Papa aus!

Nichts half.

»Ich will Bayern!«

Also änderte ich die Taktik.

»Das Trikot passt nur dir! Bitte nimm es! Du darfst auch Cola trinken! Du bist der tollste Pirat, den ich je gesehen habe! Ein HSV-Pirat! Ja, klar, nimm dir noch ein Hanuta!«

»Ich will aber Bayern!«, heulte Tom.

Dann kam Luzie um die Ecke. Sie kannte exakt zwei Wörter: Ja und Nein! Fifty-fifty.

»Luzie«, säuselte ich, »willst du ein HSV-Kleid?«

Sie überlegte kurz, schaute mich an und sagte … »Ja!«.

Ich war verliebt. Meine Luzie.

Während ich sie abküsste, schaute ich zu Tom.

»Tja, das hättest du auch haben können.«

»Ich will das nicht«, sagte er, »ich will Bayern!«

Bei Oma wird er es auch gut haben, dachte ich, während ich »HSV BP Trikot XL« eintippte.

LOS AMIGOS

Es tat mir dann doch gut, als Bazi anrief. Er hatte meine desaströse Leistung beim Fürch-Cup als Mannschaftskamerad hautnah miterleben müssen und mich trotzdem gefragt, ob ich bei den »Amigos« mitspielen wolle.

In einer Ü36-Freizeitliga.

Außer beim Fürch-Cup hatte ich zwar mehrere Jahre kaum Fußball gespielt oder überhaupt Sport getrieben, aber gegen so alte Hobbykicker würde ich wohl auch mit Ü40 noch mithalten können. Ich kannte einige von den Amigos, und zumindest Steve war auch in meiner Gewichtsklasse unterwegs.

Das erste Spiel sollte in der darauffolgenden Woche stattfinden. Ich überlegte, ob ich vorher etwas trainieren sollte, was mir aber schnell lächerlich vorkam.

Ü36-Freizeitspieler, also bitte!

Am Tag des Spiels war ich eine Stunde zu früh am Platz, ich wollte mich wenigstens richtig warmlaufen. Und ich wollte vor dem Anpfiff wissen, wie es überhaupt ist, weiter als die 20 Meter zum Bus zu joggen. Der Fürch-Cup lag zwar erst ein paar Wochen zurück, ich konnte mich aber nur noch an die Schmerzen danach erinnern. Also zog ich mich um und wurde dabei das Gefühl nicht los, dass es mir früher einmal leichter gefallen war, mir die Fußballschuhe zu binden. Ich war so ungelenkig, ich kam kaum an die Schnürsenkel ran. Kurz überlegte ich, mir die Schuhe in der Hand zu binden und dann im Stehen irgendwie reinzuschlüpfen, aber dieses Spektakel der Unbeweglichkeit wollte ich meinen Mitspielern nicht gönnen.

Schon bei den ersten Schritten wurde ich das erste Mal beleidigt. Als ich am Nebenplatz an zwei Hockeyspielerinnen vorbeitrabte, hörte ich die eine die andere fragen: »Ist der betrunken?«

Ich war zu perplex, um sie zu beschimpfen, hole es aber jetzt nach: »Blöde Feldhockey-Kühe!«

Allerdings merkte ich selbst, dass ich etwas unrund lief, weil ich Schmerzen im Knie hatte. Woher das denn?! Weil ich nun schon 50 Meter gelaufen war?

Ich beschloss, wieder besser auf meinen Körper achtzugeben. Vielleicht könnte mich Anna am Abend massieren. Wenn ich da noch lebte.

Nach einer Runde auf der Tartanbahn setzte ich mich erst einmal auf die Ersatzbank. Verrückt, wie weit 400 Meter sein können.

Meine Mannschaftskollegen weckten mich auf, indem sie die Wertsachentüte neben mich knallten.

Trotzdem durfte ich von Anfang an spielen. Leider, denn es folgten die schlimmsten 45 Minuten meiner armseligen Karriere. Ich durfte zwar auf die Doppelsechs, aber nicht einmal mein solides Stellungsspiel rettete mich.

Die Ü36-Gegenspieler entpuppten sich allesamt als äußerst laufstark. Natürlich (!) war ich technisch überlegen, was mir aber wenig brachte, weil ich quasi nie den Ball berührte. Die Jungs schienen das letzte halbe Jahr im Höhentraining verbracht zu haben, normal war das nicht.

Irgendwann wurde es mir zu bunt, und ich lief keinem mehr hinterher. Ich wartete auf Standardsituationen und foulte ab und zu. Manchmal war auch der Ball in der Nähe.

Auch meine Mitspieler regten mich auf. Bazi und Uzay haben früher in der Landesliga gespielt, aber sie sind verdammt noch mal auch noch ein paar Jahre älter als ich. Noch älter! Aber sie liefen und liefen, spielten Traumpässe, schossen aus allen Rohren, schienen Spaß zu haben, und alles sah superge-schmeidig aus. Unser Stürmer Disko, der mit Nachnamen echt Disko heißt, war doppelt so schnell wie ich in meiner Blüte-zeit. Ich beneidete ihn um sein Laufvermögen und den geilen Nachnamen. Aber nein, ich heiße Keidel und bin ein Wrack. Sogar die richtigen Hobbyspieler, die nie auf einem echten Spielberichtsbogen gestanden hatten, waren viel besser als ich. Was war mir geblieben von 25 Jahren Fußball im Verein? Au-ßer meinem Durst?

Meine große Stunde schlug, als ich gerade zufällig neben der Eckfahne stand und wir eine Ecke bekamen.

Es hatte schon vorher einige Eckbälle für uns gegeben, aber die anderen hätten sicher nicht so lange warten wollen, bis ich hingelaufen wäre.

Jetzt aber war ich da und legte mir den Ball zurecht, Ven-til nach oben.

Diese wohl einzige Chance auf einen Assist konnte ich mir nicht entgehen lassen. Also lief ich an, rutschte mit dem Standbein aus und grätschte den Ball mit selbigem ins Toraus.

Der Schiedsrichter hatte Mitleid und pfiff zwei Minuten zu früh zur Halbzeit. Ich blieb kurz liegen, lachte und weinte ein wenig, rappelte mich schließlich auf und schleppte mich zu den anderen.

Bazi fragte gerade, ob jemand freiwillig draußen bleiben wolle. Noch bevor ich die Hand heben konnte, zeigten neun Finger auf mich.

In den drei darauffolgenden Wochen bis zum nächs-ten Spiel ging ich jeden zweiten Tag laufen und machte jeden Abend Liegestütze und Sit-ups und den ganzen Scheiß. Ich versuchte, weniger zu essen und nur noch Bier zu trinken und zu rauchen, wenn es wirklich notwendig war. Auf alten Videokassetten schaute ich mir das Stellungsspiel des späten Klaus Fichtel an.

Die Amigos waren überrascht, dass ich zum Treffpunkt kam. Auch Bazi ließ sich sein Unbehagen anmerken, zumal er für die Aufstellung zuständig war.

»Äh«, sagte er, »damit konnte ja keiner rechnen, dass du wirklich noch mal kommst. Du warst jetzt nicht so richtig schlecht, aber auf deiner Position spielt schon der Knacki. Der ist zwar noch nicht ganz fit nach seinem zweiten Kreuzbandriss und dem Knorpelschaden, aber er macht das schon.«

Ich verstand das nicht als Kritik, schließlich spielten wir hier in einer Ü36-Freizeitliga, und erinnerte Bazi daran, dass ich gelernter Stürmer sei.

»Ja«, sagte er, schaute mich aber nicht an, »damals bei Burggrumbach hast du echt viele Buden gemacht, aber heute wollen wir mit Disko und Steve beginnen.«

Disko ist klar, dachte ich noch, geiler Name, aber Steve lässt sich immer mehr gehen, und ich habe zwei Wochen hart trainiert.

Gut, es war die Entscheidung des Trainers, aber ich musste mir ja auch nicht alles bieten lassen. Ü36 mit einem Keidel auf der Bank, da lachen doch die Hühner. Trotzdem setzte ich mich widerwillig hin.

Ich war so sauer, dass ich an die verweigerte Einwechslung von Carlos Tévez denken musste, aber so weit kam es nicht.

Die Amigos gewannen äußerst souverän und hochklassig 3:1.

Nach dem Spiel, also auch vor dem Spiel, kam Bazi zu mir, nahm mich in den Arm und sagte: »Das nächste Mal kommst du bestimmt rein. Wenn wir 5:1 geführt hätten, hätte ich dich heute schon gebracht. Du hast echt Talent.«

Ich schüttelte den Kopf und sagte: »Ü36.«

In diesem Moment beendete ich meine Karriere. Einen kurzen Moment überlegte ich noch, Bazi zu einem Einzelgespräch zu bitten, aber ich wollte mir den letzten Rest meiner Würde bewahren.

Schon nach dem Fürch-Cup hatte mir Shane ein Bier in die Hand gedrückt und gesagt: »Volker, ich habe dir früher immer gerne beim Spielen zugesehen. Ich verstehe, dass jemand alt, fett und behäbig wird. Aber warum um Himmels willen kannst du plötzlich überhaupt nichts mehr?«

Es war kein schönes Karriere-Ende, aber es war eins.

Eine Woche später rief mich Bazi erneut an.

»Du, Cat, wir spielen morgen, hast du Zeit?«

»Nein, leider, ich muss morgen Abend meine Socken zusammenlegen«, antwortete ich apathisch.

»Weil«, sprach Bazi unbeeindruckt weiter, »ich hab schon alle angerufen, keiner hat Zeit. Mit dir wären wir zu elft.«

Ich dachte kurz an meine Würde und fragte dann: »Wann und wo?«

ELFMETERKILLER

Was für ein perfekter Tag! Noch immer 26 Grad, obwohl die Sonne gerade hinter den malerischen Weinbergen abtauchte. Grillwürste und Bauchfleisch aus der Metzgerei Hollerbach und für jeden ein Sixpack von der Tanke. Am nächsten Tag schulfrei und alle drei solo. Klafke, Murphy und ich am Mainufer. Wir waren satt, sprachen ausschließlich über Fußball und hatten jeder noch zwei Bier übrig. Und das waren auch noch 0,33er-Fläschchen, besser konnte es nicht laufen.

Wie gesagt, alles perfekt, nur den Lederball hatten wir zu Hause vergessen. Wie gerne hätten wir ein bisschen gezaubert und den Glühwürmchen gezeigt, dass der Ball selbst in der Dämmerung unser Freund ist.

Aber es wäre kein perfekter Tag, hätte ich nicht zufällig einen gefunden. Auf dem Weg zum Urinieren erblickte ich ihn im Zwielicht. Weiß und unberührt lag er da, ein beinahe sexuelles Gefühl wallte in mir auf. Unbefleckt, unbenutzt wollte ich ihn aufheben, doch leider war der Ball nur ein runder, im Boden festbetonierter Grenzstein.

Hahahaha, ich lachte ob meiner Dummheit und sah Freund Klafke einige Meter neben mir stehen, ebenfalls zufrieden pinkelnd.

»Ey, Klafke«, sagte ich, »natürlich ist er unser Freund, aber wollen wir Murphy einen Elfer schießen lassen? Das macht er doch so gerne.«

»Natürlich«, antwortete Klafke, kein Freund großer Worte,

nachdem ich auf den Grenzstein gezeigt hatte. Auch er schien keine moralischen Bedenken zu haben. Bestätigt stellte ich mich zwischen zwei circa elf Schritte vom Stein entfernte Bäume, die etwa 7,32 Meter voneinander trennte, und rief: »Auf geht's, Murphy! Elfmeter!«

Er drehte sich um, erkannte geistesgegenwärtig Tor (Bäume), Torwart (mich) und Ball (Grenzstein) und nahm geschätzte 30 Meter Anlauf.

Wahnsinn! Er macht es wirklich!

25 Meter, 20 Meter, 15 Meter, immer noch rannte Murphy.

Viele Dinge gingen mir durch den Kopf: Wie gut sind Würzburgs Chirurgen? Werden seine Eltern sauer sein? Wer kann noch ins Krankenhaus fahren? Was machen wir mit dem restlichen Bier? Und, und, und!

10 Meter, langsam hatte ich wirklich Angst, wusste aber gleichzeitig, dass dies eine Geschichte mit Enkel-erzähl-Qualität werden könnte.

5 Meter, Klafke und ich schauten uns noch einmal an, nickten billigend.

»91. Minute, die Entscheidung!«, schrie Murphy und legte seine ganze Kraft und knapp 90 Kilo in den Schuss …

Der Aufprall katapultierte ihn dermaßen durch die Luft, dass ihn jeder zufällig anwesende Zirkusdirektor ohne Zögern noch in die Abendvorstellung eingebaut hätte.

Schuldbewusst erkundigten wir uns nach seinem Befinden und vermieden es, uns in die Augen zu schauen. Erst als er zwischen seinen weinerlichen Andi-Möller-Aua-Auas ein deutlich vernehmbares »Ihr Arschlöcher« zustande brachte, lachten wir hysterisch los.

Nachdem alle Tränen getrocknet und die ganze Geschichte ohne komplizierte Brüche und Schrauben im Bein abgegangen war, machten wir uns noch ein Würzburger Hofbräu auf und tranken auf die Freundschaft. Murphy zögerte beim Anstoßen.

KOPF ODER ZAHL

Ich war mir eine Stunde lang sicher, durch das Abitur gefallen zu sein.

Weil ich mir gerade im Colloquium Deutsch einen einzigen Punkt abgeholt hatte (O-Ton Deutschlehrer Vogt: »Und den auch nur, weil du die richtige Sprache gesprochen hast«) und dachte, dass man nicht in beiden Grundkurs-Abifächern unter fünf Punkten bleiben durfte. In Biologie hatte ich auch nicht wirklich geglänzt, da war ich sicher. Ich hatte recht, wie sich herausstellte.

Auch hier kam sich der Lehrer witzig vor, als er sagte: »Du hast zwar achtzehn Seiten geschrieben, aber mehr als zwei Punkte konnten wir dir nicht geben. Einen für die Rechtschreibung und einen, weil du wusstest, dass Bienen Honig machen.«

Irgendwie hatte ich den Eindruck, dass sie Genugtuung empfanden.

Biologie hatte ich nur gewählt, weil ich in Mathe und Physik noch weniger Ahnung hatte und weil mir da mein ganzes Bienenwissen nichts genutzt hätte.

»Mir doch egal«, entgegnete ich trotzig, »dann mache ich halt kein Abitur und werde Autor.«

»In welcher Sprache?«, wollte mein Deutschlehrer wissen. Lustig.

Kurze Zeit später erfuhr ich jedoch im Sekretariat, dass ich aus dem Schneider wäre, falls ich in beiden LKs mehr als fünf Punkte geschafft hätte.

Und hey, ich hatte Französisch und Wirtschaft gewählt, also quasi meine Hobbys zu LKs gemacht.

Ich kann es vorwegnehmen, in Wirtschaft hatte ich zehn Punkte, en français treize points.

Ich war brutal erleichtert, und auch Knacki und Markus hatten eigentlich nicht damit gerechnet, mit so wenig Aufwand eine Hochschulreife zu erlangen.

Kann mir echt keiner erzählen, dass das Abitur in Bayern besonders schwer sein soll.

Wir beschlossen, uns erst einmal anständig zu betrinken. Wir konnten nicht früh genug mit dem Training beginnen, schließlich wollten wir bald studieren.

Lachend – wir konnten es nicht fassen, dass wir studieren durften – bestellten wir das erste Bier. Es schmeckte sehr gut, also tranken wir noch sieben weitere.

Bei der neunten Runde erwähnte Knacki, dass heute Mittwoch sei. Wir fielen uns jubelnd in die Arme. Jeden Mittwoch gab es im »Airport« Altbier satt, und wir würden dabei sein. Mit Abi!

Dann stockte mir der Alkohol in den Adern. Ich hatte das Fußballspiel am Abend vergessen, in einer Stunde war Abfahrt.

Ich spielte damals noch Bezirksoberliga. Das heißt, die anderen spielten, und ich saß auf der Bank. Obwohl die Saison schon fast zu Ende war, hatte ich noch keinen Einsatz. Keine Minute. Aber ich war 18 und brauchte die Punktprämien, die sie mir gnädigerweise trotzdem auszahlten.

In meinem Zustand konnte ich unmöglich hingehen, andererseits konnte ich auch schlecht so kurz davor absagen. Ich war hin und her gerissen. Die Teufelchen Knacki und Markus versprachen mir Unmengen weiteren Bieres und hemmungslose Abiturientinnen im »Airport«, während mir die Engel-

chen in meinem Kopf den Durchbruch beim ASV Rimpar pro-
phezeiten. Ich glaubte ihnen kein Wort und wollte sie schon
anhauchen, bis die Engelchen mir steckten, dass ich doch nach
dem Spiel immer noch ins »Airport« würde gehen können.
Ich wäre dann wieder so weit ausgenüchtert, dass ich mit den
hemmungslosen und angetrunkenen Abiturientinnen reden
könnte und womöglich leichtes Spiel hätte.

Ich gab dieses Argument an Knacki und Markus weiter.

»Ja, im Reden bist du stark«, sagte Markus, »nicht umsonst
hast du im Colloquium Deutsch einen ganzen Punkt abge-
sahnt!«

Schließlich warf ich ein Fünfmarkstück, zahlte und fuhr
nach Rimpar.

Sicher hätte ich nach neun Bier das Auto besser stehen gelassen, aber ich hatte es nun mal dabei und wollte sichergehen,
dass ich später – nach der eloquenten Flirtoffensive im »Airport« – nicht nach Hause fuhr. Außerdem hätte ich es mit dem
Bus zeitlich nicht geschafft. Ich musste mich beeilen, mein
Stammplatz war in Sichtweite.

Als Nächstes erinnere ich mich an das laute Hupen eines anderen Autofahrers. Breiti erzählte mir später, dass ich
in Rimpar mit meinem Taunus plötzlich quer vor ihm stand,
durch sein Hupen wohl aufgewacht und weitergefahren sei.

Daheim fragte mich mein Vater, ob ich statt zum Fußball
nicht lieber in eine Betty-Ford-Klinik wolle, dann packte ich
meine Sachen und ging zu Gerd. Gerd war Abteilungsleiter,
und ich fuhr gerne mit ihm. Zum einen ist er ein Riesentyp,
zum anderen hoffte ich immer, seinen Saab 900 Turbo mal
fahren zu dürfen. Heute nicht.

»Spinnst du?«, fragte er auch gleich. »Du bist ja dodal be-
suffe!«

Zum Glück spielten wir auswärts in Marktheidenfeld, ich konnte also noch etwas schlafen.

Gerd gab mir Kaugummis und den Rat, nicht zu sprechen, vor allem nicht mit dem Trainer.

»Und dann bete, dass er dich nicht einwechselt!«

Ich versuchte sogleich, zu beten, war aber zu betrunken, um meine Hände zu falten.

Verrückterweise bemerkte mein Trainer nichts, nur meine Mannschaftskameraden hatten ihren Spaß. Vor allem, als die Ersatzspieler so um die 60. Minute zum Aufwärmen geschickt wurden. Wieder hatte ich großes Glück, dass unser Trainer Spielertrainer war und mir somit nicht zusehen konnte. Auf meinen ersten zwanzig Metern war ich schon dreimal umgefallen, die anderen konnten vor Lachen kaum geradeaus laufen. Also setzte ich mich zum Dehnen hin und stand nicht mehr auf.

Dingo sagte, er würde 100 Mark für meine Einwechslung zahlen.

Und prompt schrie Gerd mit versteinerter Miene: »Volker, komm rüber, du sollst eingewechselt werden!«

Er schüttelte den Kopf, als ich versuchte, den Trainingsanzug auszuziehen. Schließlich half er mir.

Ich konnte es nicht fassen. Ich hatte mich zu Beginn der Saison echt angestrengt, hatte ganz gut trainiert und in einem Vorbereitungsspiel mal drei Buden gemacht. Trotzdem hatte ich 25 Spiele lang keinen Einsatz bekommen.

Jetzt hatte ich neun Bier getrunken, war voll wie eine Strandhaubitze und sollte die Jungs beim Stand von 0:0 zum Sieg schießen.

Ich spielte eine Viertelstunde und hatte drei Ballkontakte. Einen Ball verlor ich, zweimal holte ich einen Freistoß raus.

Beim ersten Mal machte ich wohl so wirre Bewegungen, dass sich mein Gegenspieler nur durch ein Foulspiel zu helfen wusste, beim zweiten Mal – das schwört Dingo bis heute – war kein Mensch auch nur in meiner Nähe.

Nach dem Schlusspfiff war ich eigentlich recht zufrieden mit meiner Leistung, wurde aber dennoch vier Wochen vereinsintern gesperrt.

Anscheinend hatten doch einige Verantwortliche und Zuschauer gemerkt oder gerochen, dass ich mein Abitur geschafft hatte.

»Und?«, fragte Knacki später im »Airport«. »Hat es sich gelohnt? Bist du jetzt Stammspieler?«

Das war nicht mein Niveau, ich hielt Ausschau nach den hemmungslosen Abiturientinnen.

EINEN SCHRITT ZU SPÄT

Jeder niederklassige Fußballer hat nachts schon davon geträumt, für die deutsche Nationalmannschaft spielen zu dürfen.

Bei mir war es letzte Nacht wieder einmal so weit.

»Volker, du hast gut trainiert, du spielst morgen von Anfang an«, sagte Jogi Löw in der Abschlussbesprechung.

Was für mich etwas überraschend kam, weil ich kurz zuvor noch von meiner neuen Cocktailbar in Acapulco geträumt hatte.

Geistesgegenwärtig sagte ich jedoch: »Sie können auf mich zählen, Trainer!«

Einen Atemzug später – wie das in Träumen so ist – ging's schon mit dem Mannschaftsbus zum Stadion. An den Autokennzeichen konnte ich erkennen, dass wir in Hamburg spielten. Geil!

Hansi Flick saß neben mir und redete auf mich ein: »Sei nicht nervös, spiel dein Spiel, auch wenn die Hütte ausverkauft ist und es um alles geht. Du spielst heute, weil es auf deiner Position im Moment in Deutschland keinen Besseren gibt. Aber sei vorsichtig in den Zweikämpfen. Geh nicht zu ungestüm drauf, Cristiano Ronaldo ist blitzschnell.«

»Ich bin auch schnell, Co-Trainer«, sagte ich.

»Ja, schnell müde!«, hätte mein alter Jugendtrainer jetzt gekontert.

Ich schnarchte einmal, und schon wurde die Hymne gespielt. Bereits in der Grundschule wurde ich beim Singen ausgeschlossen, also hielt ich meinen Mund. Ich schaute mich lieber um und genoss den Augenblick.

Ich stand zwischen Lahm und Götze. Es sollte die einzige Situation bleiben, in der ich überragend war.

Ängstlich blickte ich nach links. Pepe, Nani und Ronaldo. So ein Pech!

Hätten wir nicht gegen San Marino oder Luxemburg spielen können? Oder wenigstens gegen Argentinien. Messis Spielweise würde mir eher liegen, der ist nicht ganz so schnell wie Ronaldo. Gerne hätte ich auch gegen den Ronaldo ohne Vornamen gespielt. Den dicken Ronaldo.

Automatisch fasste ich an meine Hüften. Mein Körper hatte anscheinend noch nicht mitbekommen, dass ich zurzeit Deutschlands bester Rechtsverteidiger war.

Ich fühlte meine 93 Kilo auf 1,84 Meter, und meine Sorgen wurden nicht kleiner.

So ein Länderspiel ist echt eine prima Sache, aber bei Licht betrachtet war ich selbst auf dem Zenit meiner Karriere nicht mehr als ein mittelmäßiger Kreisligaspieler. Aber wenigstens ging ich damals noch zweimal die Woche zum Training.

Heute bin ich noch schwammiger und unbeweglicher. Wenn ich zur S-Bahn rennen muss, brauche ich ein bis zwei Tage zur Regeneration. Nach längeren Sprints auch mal eine Woche.

Unter diesen Umständen war Europas ehemaliger Fußballer des Jahres vielleicht eine Nummer zu groß für mich.

Na ja, Selbstvertrauen ist alles im Fußball, deswegen – und auch wegen der Ballkontakte-Statistik – führte ich mit Klose den Anstoß aus. Nachdem er mich nach meinem Namen gefragt hatte.

Ich hatte gesehen, dass der portugiesische Torwart am

Sechzehner stand, also probierte ich es. Ich legte sämtliche Kilos in den Schuss, und der Ball flog, wie an der Schnur gezogen … ins Seitenaus.

Einige Zuschauer schauten sich fragend an, die meisten jedoch bogen sich vor Lachen. Zum ersten Mal an diesem Abend.

In den Gazetten sollte am nächsten Tag zu lesen sein, dass viele Fans nach dem Spiel im Sauerstoffzelt behandelt werden mussten.

Die erste Halbzeit lief nicht wirklich berauschend. Der Student, der meine Ballkontakte zählte, musste keinen Strich mehr machen. Er war sehr froh, dass er nach Stunden bezahlt wurde.

Ich kam mir vor wie ein junges Reh auf der Autobahn. Nicht, dass ich so gut gesprungen wäre, vielmehr war ich etwas eingeschüchtert, weil alle mit Höchstgeschwindigkeit an mir vorbeirauschten.

Alle bis auf Ronaldo, der manchmal mit dem Ball vor mir stehen blieb, um mich dann mehrmals in Folge zu tunneln oder Tricks zu vollführen, die ich visuell nicht nachvollziehen konnte. Seine Übersteiger waren schneller als mein Blinzeln.

Aber auch die deutschen Spieler überraschten mich. Ich hatte in der Vergangenheit immer viel und gerne über Mertesacker geschimpft, jetzt musste ich zähneknirschend zugeben, dass er besser war als ich.

Egal, ich wischte meine Gedanken beiseite, denn ich hatte plötzlich die große Chance auf den zweiten Ballkontakt.

Ronaldo hatte sich den Ball einige Meter zu weit vorgelegt, also rannte ich los.

Zuerst überlegte ich, ob ich versuchen sollte, den heranrauschenden Ronaldo zurückzutunneln, dann merkte ich, dass es doch zu knapp werden würde.

Ich legte einen Zahn zu, sah aber, dass ich grätschen musste, um als Erster am Ball zu sein. Vor meinem geistigen Auge sah ich ein astreines Tackling. Kein Foul, aber der smarte Cristiano würde dennoch samt Ball Richtung Fotografen fliegen. Auch der Student zückte schon seinen Bleistift, würde ihn aber nicht benutzen müssen. Wir hatten Ronaldos Geschwindigkeit unterschätzt.

Ich konnte es nicht glauben, dass er eine Fußspitze eher am Ball war und ihn wegspitzelte.

Ronaldo dagegen konnte es nicht glauben, dass ich mein Bein nicht zurückzog.

Hallo?! Vielleicht würde ein Kreisligaspieler in so einer Situation zurückziehen, aber sicher kein Nationalspieler. Erst recht nicht der aktuell beste Rechtsverteidiger.

Letztlich schauten dann alle entsetzt, weil sein Knöchel so laut knackte. Zunächst glaubte ich, er würde schauspielern, also beugte ich mich – so hatte ich es bei Roy Keane gesehen – über ihn und beschimpfte ihn und seine Mutter.

Eventuell war ich damit einen Schritt zu weit gegangen. Ich entschuldigte mich, nachdem ich Gelb gesehen hatte und der Rettungshubschrauber gelandet war. Etwas betroffen schleppte ich mich in die Kabine.

Auf dem Weg klopfte mir plötzlich Lionel Messi auf die Schulter.

»Hut ab«, lachte er, »das könnte die Meisterschaft für Barça gewesen sein.«

»Warte ab, gegen euch spielen wir auch wieder mal!«, entgegnete ich.

Er lachte lauter.

In der Kabine dagegen herrschte eisiges Schweigen.

Jogi Löw fand als Erster wieder Worte.

»Volker, du gehst raus«, sagte er, »beim nächsten Foul gibt er dir Gelb-Rot. Es ist nicht wegen deiner Leistung.«

Jetzt blickten alle Spieler auf, sahen sich an, dann brach das Gelächter los. Schlagartig wurde mir klar, wie sich Zoltan Sebescen seinerzeit nach seinem ersten und einzigen Länderspiel gefühlt haben muss.

Er wurde damals von Boudewijn Zenden ähnlich gegrillt wie ich heute, hatte aber im darauffolgenden Bundesligaspiel drei Tore erzielt und sich rehabilitiert. So lange würde ich wohl nicht träumen können.

Also verließ ich die Kabine und sah nach Ronaldo.

Der Rotor drehte sich schon, aber Cristiano machte mir Zeichen, zu ihm zu kommen.

Er wollte, wie er sagte, das Trikot mit dem Mann tauschen, der vermutlich seine Laufbahn beendet hatte.

Da der Hubschrauber verglast war, hätten 55 000 Zuschauer unsere nackten Oberkörper sehen und vergleichen können. Ich bot ihm ersatzweise meinen blutverschmierten Stutzen an. Er lächelte mich versöhnlich an, und ich wachte schweißgebadet auf.

Dann schmetterte ich die Nationalhymne.

VON LÖWEN LERNEN

Ich werde oft gefragt, ob es schlimm ist, als HSV-Fan in München zu leben. Meine Lieblingsfrage. Wie soll sich das schon anfühlen, wenn alle um dich herum die ganze Zeit feiern und sich freuen, weil Bayern alle Titel gewinnt oder 100 Tore in einer Saison schießt oder 50 Spiele hintereinander nicht verliert oder deinen Verein mit 5:0, 6:0 und 9:2 aus dem Stadion bläst?

Wenn du auch gerne ein einziges Mal Meister werden möchtest, aber selbst die achtklassige Europa League nur noch aus dem Fernsehen kennst. Wenn der HSV Spiele, bei denen es darauf ankommt, immer verliert. Wenn deine Freunde sich darüber beklagen, wie teuer es ist, jedes Jahr zum Champions-League-Finale fliegen zu müssen. Wenn Leute noch mal nachfragen, weil sie es einfach nicht glauben können, dass Hamburg deine Perle ist. Und sich dann kaputtlachen, wenn du bejahst. Wenn du dir pausenlos die Champions-League-Hymne anhören musst, aber dann auf dem Bildschirm vergeblich nach Spielern mit der Raute auf der Brust suchst.

Was glaubt ihr, wie sich das anfühlt? Es fühlt sich noch schlimmer an.

Weil ich mit 14 Jahren noch erleben durfte, wie sich Erfolg anfühlt. Weil ich an einer großen Fankarriere geschnuppert habe.

Inzwischen gehe ich nach schlimmen Niederlagen zu Breiti oder Andi. Die beiden sind Club-Fans. Anfangs dachte ich, sie würden mich verstehen, weil auch der 1. FC Nürnberg ein Chaotenverein ist. »Der Glubb is a Depp!«, heißt es im Volksmund. Nürnberg ist schon als amtierender Meister abgestiegen. Sie waren Rekordmeister, jetzt sind sie Rekordabsteiger. Im Verein geht es immer wieder rund, sogar in die Regionalliga wurden sie schon durchgereicht.

Objektiv betrachtet müsste es einem Nürnberg-Fan noch schlechter gehen als mir.

Allerdings vergesse ich dabei immer, dass ein Club-Fan meines Alters noch nie Erfolge miterlebt hat. Von Wiederaufstiegen einmal abgesehen. Der Club war in dieser Zeit durchweg schlecht. Und wenn man blind auf die Welt kommt, vermisst man auch nichts.

Gut, 2007 hat man den DFB-Pokal gewonnen, was die Fans aber nicht genießen konnten, weil sie schon befürchten mussten, im Jahr darauf abzusteigen. Was dann auch passierte. Die Fans haben alles erlebt.

Beim Fjörtoft-Baumann-Abstieg taten Andi und Breiti sogar mir leid. Sie hatten, wenn auch zögerlich, in der Halbzeit schon ein Klassenerhaltsbier getrunken, weil der Abstieg eigentlich auch theoretisch nicht mehr möglich war. War er dann doch, und sie haben das ganze Bier wieder rausgeweint.

Aber es tut mir gut, nach bitteren Niederlagen mit den beiden zusammen zu sein. Sie hören mir zu, drücken mir Bierflaschen in die Hand und geben mir durch Einblicke in ihre geschundene Fanseele zu verstehen, dass ich auf hohem Niveau jammere.

Nachdem wir auch den fünften Sonntagabend miteinander verbracht hatten, mussten wir uns etwas überlegen.

Wir trafen uns am Montag zum Brainstormen an der Isar. Jeder brachte einen Rucksack voller Bier mit, vielleicht würde uns so eher ein Weg aus der Spieltagsdepression einfallen.

Also tranken wir, lachten viel, erzählten Geschichten, die

der Fußball uns geschrieben hatte, und wussten am Ende, was zu tun war: nichts.

Wir sind einfach Fans vom Club und vom HSV, also werden wir außer Blumentöpfen wohl nur noch sehr wenig in unserem Leben gewinnen. Wir müssen lernen, uns noch ausgelassener über einen schönen Doppelpass oder einen Sieg in letzter Minute zu freuen. Viel·mehr ist nicht drin!

Das wussten wir zwar schon vorher, aber es tat gut, darüber zu reden.

So mit sich im Reinen kamen Andi und Breiti auf die Idee, dass wir uns das Montagsspiel der Zweiten Liga reinziehen könnten. Mit der Zweiten Liga habe ich als HSVer normalerweise gar nichts am Hut, aber ich wollte kein Spielverderber sein.

Was wir nicht wussten, war, dass die Löwen spielten. Aber wir erkannten es sofort an den traurigen Gesichtern, die uns in der Kneipe entgegenblickten. Ich selbst habe auch schon einige Löwenspiele gesehen. Im Fernsehen versuche ich es zu vermeiden, aber früher haben wir so nahe am Olympiastadion gewohnt, dass wir schon alleine wegen der Stadionwurst hingingen. Einen sportlichen Wert hatte das selten.

Die langweiligen Spiele hatten auch diese Löwenfans zermürbt. Jeder in diesem Stüberl erwartete nichts anderes als ein langweiliges Spiel. So war es dann auch, obwohl Fürth zu Gast war. Die Fürther hätten mit einem Sieg Tabellenführer werden können, wurden aber eingeschläfert.

Wir drei sind ja einiges gewöhnt von unseren Vereinen, auch wir sehen manchmal Spiele ohne eine einzige Torchance und müssen absurde Machtspiele der Verantwortlichen ertragen, aber Sechzig setzt allem die Krone auf. Es ist eigentlich ein Verein, den man auch als Fan hassen müsste.

In der 56. Minute jedoch passierte etwas Unwirkliches. Dominik Stahl erzielte nach mustergültiger Vorarbeit von Benny Lauth das 1:0.

Ja, genau, der Benny Lauth, der gerade im Begriff war, seine bis dato längste Serie ohne Torerfolg – natürlich aufgestellt in Diensten des HSV – zu pulverisieren.

Keiner der Kneipengäste jubelte ausgelassen. Einige standen auf und gingen auf die Toilette oder einmal um den Block, um den Ausgleich nicht live miterleben zu müssen. Es folgten 34 lange Minuten. Nicht für mich, ich fand jede der 90 Minuten gleich langweilig, aber die anderen schauten alle fünf Sekunden auf die Uhr und beschimpften den Schiri ab der 70. Minute, er möge das Spiel endlich abpfeifen.

Es brannte zwar noch einige Male lichterloh im Strafraum von Gábor Király, aber letztlich brachten die Löwen das Ergebnis über die Zeit.

Als der Schiedsrichter endlich abpfiff, explodierte die Kneipe förmlich. Die ganzen Untoten sprangen auf und schrien sich den Frust der letzten Wochen von der Seele. Alle lagen sich in den Armen. Aus Freude über die Fürther Niederlage initiierten Andi und Breiti die Raupe, die sich durch das ganze Lokal schlängelte. Kindsköpfe!

Auch der Wirt hatte Spaß. Er konnte den Zapfhahn sehr lange ohne Unterbrechung laufen lassen und endlich wieder die angestaubten Schnapsflaschen aus den Regalen holen.

Die Fans saßen jetzt in Gruppen zusammen und unterhielten sich rege.

Komisch, 55 Minuten lang dachte ich, sie könnten überhaupt nicht sprechen, jetzt quasselten sie in einer Tour.

»Wenn wir jetzt nachlegen«, sagte ein Kuttenträger, »und aus den letzten vier Spielen vor der Winterpause noch neun Punkte holen, dann sind wir wieder dran.«

Er sah sehr stark aus, weswegen ich versuchte, möglichst leise zu lachen. Ich glaube nicht, dass die Löwen nach 1966 jemals neun Punkte aus vier Spielen geholt haben. Gut, vor Einführung der 3-Punkte-Regel war das auch schwer möglich.

Aber auch ich freute mich über den Löwensieg.

Die Ausgelassenheit der Leute machte mir erneut klar, dass man sich als HSV-Fan viel mehr über die kleinen Dinge freuen muss.

Wir werden wohl nie wieder Meister werden. Unsere Meisterschaftsmomente sind unerwartete Auswärtspunkte oder einstellige Tabellenplätze. Aber ich bin HSVer und bin es gerne und will es auch bleiben. Ich wollte nie Bayern-Fan sein und werde sie deshalb auch nicht beneiden. Bayern-Fan sein ist wie Ferrari oder Maserati fahren. Es mag Spaß machen, hat aber irgendwie keinen Stil.

Der HSV erinnert mich dagegen an einen Citroën DS. DS steht für Déesse und bedeutet Göttin. Dieses Auto ist dem HSV so ähnlich: etwas veraltet und schwerfällig, dafür erhaben und edel. Mit Charme, Esprit und jeder Menge Chrom, der nur mal gründlich aufpoliert werden müsste. Wenn man in dieses Auto steigt, fängt man sofort an zu träumen. Dass dem Maserati irgendwann der Treibstoff ausgeht und er am Straßenrand liegen bleibt und man dann würdevoll, aber bestimmt, vorbeituckert und so vielleicht doch noch zu Lebzeiten Meister wird. Ich wäre vor Ort dabei, und wir würden eine Meisterschaft feiern, wie sie München leider nie erlebt hat.

»Unglaublich«, würden meine befreundeten Bayernfans sagen, wenn sie in der Tagesschau am dritten Tag hintereinander den fahnenüberfluteten Kiez bewundern dürften, »ich würde all unsere Meisterschaften und Pokale eintauschen gegen eine einzige Party dieser Art.«

Leider muss man irgendwann wieder aus dem Auto steigen und auf die Tabelle schauen.

Aber was soll's, die Löwen sind ja immer für mich da. Und die Glubberer und Waldhof Mannheim und der VfL Bochum und der MSV Duisburg und Hansa Rostock und die Kickers aus Offenbach und der KSC und der 1. FC Köln und Arminia Bielefeld.

Meine Arbeitskollegin Julia ist Fan der Alemannia aus Aachen. Sie beneidet mich.

»Ich kann mich nicht wie du am Unvermögen noch schlechterer Mannschaften ergötzen. Unterhalb unserer Liga wird nichts im Fernsehen gezeigt.«

Hach, es ist ein schönes Gefühl, nicht allein zu sein.

TIKI-TAKA-KURZGESCHICHTEN-FEUERWERK

Vereinsheim-Legenden

Fiete

Fiete spielte in der Jugend beim Club. Dann geriet er durch falsche Freunde auf die schiefe Bahn und legte viel Wert aufs Feiern.

Deshalb schaffte er es nicht in die erste Mannschaft des FV Margetshöchheim.

Als er wieder einmal eine Chance bekommen sollte, kam blöderweise diese Party in der »Waschküch« dazwischen.

Fiete trank ein Bier, noch eins und noch eins, und plötzlich hatte der Wirt einen Gartenzaun auf den Rand seines Bierdeckels gemalt.

Dann schlief er ein. Doch sein Kumpel Bernd hatte eine Spitzenidee und weckte ihn.

Er sprach: »Ey, Fiete, hopp, wir rauchen en Joint!«

Fiete hob schwerfällig seinen Kopf, schüttelte diesen empört und versuchte zu sagen: »Ich gläbb, du spinnst a weng, ich spiel morchen erste Mannschaft.«

Lu

Lu, Spieler des TSV Gerbrunn, wurde in der Halbzeit ausgewechselt.

Die Worte seines Trainers: »Lu, du hast zwar nicht schlecht gespielt, aber dein Gegenspieler hat halt vier Tore gemacht …«

Fritschi

Fritschi aus Versbach konnte den Libero aus Hausen nicht leiden. Deshalb provozierte er ihn unaufhörlich. Bis es diesem zu bunt wurde.

Er warnte Fritschi: »Hör auf, sonst hau ich dich um.«

»Mach doch, mach doch!«, schrie Fritschi und tanzte dem Libero vor der Nase herum.

Dann hörte man einen dumpfen Schlag, und Fritschi lag am Boden. Als er die Augen wieder öffnete, sah er den Libero über sich gebeugt.

Mit ausgestrecktem Zeigefinger sprach dieser: »Und nächste Woche spielt ihr gegen Rieden. Da spielt mein Bruder. Der haut dir dann noch mal aufs Maul.«

Im Abschlusstraining vor dem Rieden-Spiel täuschte Fritschi eine Zerrung vor, die bis zum Sonntag leider nicht ausheilte.

Eli

Wie Fiete sollte auch Eli seine Chance in einer ersten Mannschaft bekommen, und zwar in der des ASV Rimpar. Im

Freundschaftsspiel gegen Kickers Würzburg (mit Gerd Zewe als Spielertrainer) wurde Eli in der 80. Minute eingewechselt. Zehn Sekunden später foulte er seinen Gegenspieler und erhielt eine Zehn-Minuten-Strafe.

Es sollte seine einzige Chance bleiben.

Götzi

Ich stutzte, als ich am Montagmorgen die Zeitung las. Stephan Götz von der TG Höchberg II hatte Gelb-Rot gesehen. In der 1. Minute! Ich rief ihn an.

»Tja«, sagte er, »zweimal einen Schritt zu spät.«

Geduscht hat er trotzdem.

Tiki-Taka-Dinkel/Keidel

Die technisch beste Aktion meiner Laufbahn gelang mir unabsichtlich.

Dingo und ich spielten in der zweiten Mannschaft des SC Laim (absurd, ich weiß, diese beiden Granaten in einer zweiten Mannschaft).

Ich beobachtete interessiert Dingo, der circa vier Meter von mir entfernt einen Pressschlag bestritt. Beide Spieler holten dabei so aus, dass sich mir die Frage aufdrängte, wer wohl die schlimmere Verletzung würde behandeln lassen müssen. Ich verzog ängstlich das Gesicht, aber auch Dingos Gegenspieler erkannte wohl die Situation und zog zurück. Also drosch Dingo den wohl festesten Schuss seines Lebens aus vier Metern Entfernung gegen meine Brust.

Nie wäre eine Superzeitlupe aufschlussreicher gewesen. So gerne hätte ich mir die Verformungen meines untrainierten Körpers auf einem Bildschirm angeschaut.

Allerdings wurde ich so überrascht von diesem Brett, dass ich keinen Muskel im Körper anspannen konnte. Irgendwie muss ich im richtigen Moment einen Tick zurückgewichen sein, jedenfalls bremste mein Oberkörper den Ball von 150 Stundenkilometern auf null ab und ließ den Ball spielbereit vor meine Füße tropfen.

Die Zuschauer hielten den Atem an, auch Dingo erschrak, sagte dann aber: »Geil, Cattle!«

Was mich so belustigte, dass ich die ganze Magie des Augenblicks zerstörte und einen Fehlpass spielte.

Alfred

Alfred war der Wirt und die gute Seele des VfR Burggrumbach.

Deswegen waren wir auch erschüttert, als er sich mit der Kreissäge den halben Mittelfinger abtrennte.

Alfred schien das nicht so viel auszumachen, schließlich stand er nach dem nächsten Training schon wieder am Zapfhahn.

Er war ganz gut gelaunt, lediglich wir Spieler wussten nicht genau, wie wir mit der Sache umgehen sollten.

Damit irgendetwas gesagt wurde, fragte Björn: »Du Alfred, wie viel kosten eigentlich die Pommes?«

Da Alfred gerade mit einem anderen Gast quatschte, hielt er drei Finger in die Höhe. Oder besser gesagt zweieinhalb.

Worauf sich Björn hinreißen ließ und sprach: »Alles klar, zwei Mark fünfzig.«

Das Eis war gebrochen, alle weinten vor Glück, sogar Alfred konnte, wenn auch etwas gequält, lachen.

Nicht so lustig wie wir fand er es, als wir ihm später wirklich alle nur zwei Mark fünfzig bezahlten. Aber Vertrag ist Vertrag.

Nennen wir ihn Karl-Heinz

Der Einwechselspieler der DJK Dipbach, nennen wir ihn Karl-Heinz, wunderte sich schon etwas, dass alle 22 Spieler und alle Zuschauer sich nicht mehr einkriegten vor Lachen.

Klar, er lief etwas ungelenk, manchmal machten sich seine Gegenspieler schon über ihn lustig. Aber dass auch seine Mannschaftskollegen mit in das laute Gegröle einstimmten, tat ihm weh.

Als selbst die Schiedsrichter die Contenance nicht mehr wahren konnten und mit dem Finger auf ihn zeigten, schaute er an sich hinab.

Er hatte sich hektisch die Trainingshose ausgezogen und dabei leider auch seine kurze Hose mit ausgezogen.

Unnötig zu erwähnen: Feinripp.

Oleif

Oleif von den Freien Turnern Würzburg (hört sich komisch an, ist aber eine Fußballmannschaft) ist eines meiner großen Idole.

Ich dachte immer, ich könnte einigermaßen spektakulär steil gehen. Dann war ich aber einige Male mit Oleif weg und ließ mich eines Besseren belehren. Oleif trank immer ohne Kompromiss und vertrat die These, dass man, wenn man einen Abend unterwegs war und nicht mindestens hundert Mark ausgegeben hatte, ein Arschloch war. Und es braucht niemand zu glauben, dass er nach der Euro-Einführung auf 50 Euro runterrechnete.

Gegen ein Uhr stand er regelmäßig auf einem Barhocker und schrie alle an, sie sollten jetzt nach Hause gehen, weil er alleine sein wolle.

Weil ich so ein großer Fan von ihm war und die Freien Turner gegen unsere Zweite spielten, schaute ich zu.

Oleif war jedoch am Vorabend übelst abgestürzt und fühlte sich leider nicht in der Lage, von Beginn an zu spielen.

Als es in der 70. Minute immer noch 0:0 stand, ließ er sich einwechseln, versenkte zwei 20-Meter-Schüsse, ging in der 80. Minute wieder vom Feld und verschwand im Vereinsheim. Jetzt war ich richtiger Fan.

Am nächsten Tag erzählte mir Steve, dass Oleif mit einem leichten Schwips und ungefähr hundert Mark weniger in der Tasche aus dem Vereinsheim gekommen und mit dem Fahrrad nach Hause gefahren sei. Am Fuße der Löwenbrücke seien ihm ältere Leute auf dem Gehweg (»Was hatten die da zu suchen?«) entgegengekommen, und er musste ausweichen. Er fuhr also vom Bürgersteig auf die Straße, geriet blöderweise aber mit dem Vorderreifen in die Straßenbahnschiene. Da er ziemlich schnell gefahren war, zerlegte es ihn relativ amtlich.

Die älteren Herrschaften machten sich große Sorgen um ihn und fragten, ob er sich verletzt habe.

Oleif sprang auf, beugte seinen Oberkörper nach vorne, streckte seine Arme nach hinten und schrie aus sprichwörtlich vollem Halse: »Haut ab, ihr Arschlöcher, wegen euch ist es doch passiert!«

Danke hierfür, Oleif!

Spitzenreiter

Wir vom SV 1880 München standen nach drei Spieltagen auf Platz eins. Nach dem 4:1 gegen den SC Armin waren wir in den Biergarten eingezogen, und Neu-Libero Lu hatte immer wieder »Spitzenreiter, Spitzenreiter, hey, hey!« gegrölt. Mir war, obwohl ich ab der 60. Minute, von Krämpfen geplagt, kaum mehr laufen konnte, dreimal der Ball vor die Füße gefallen, und ich hatte dreimal geknipst. Eine meiner seltenen Sternstunden!

In unserer Euphorie konnten wir später unseren Mitbewohner Steve überreden, mal bei uns mitzutrainieren. Wir schlugen ihm den Donnerstag vor, damit er gleich die Mannschaftsbesprechung und die ganzen Lobeshymnen auf Lu und mich mitbekäme.

Tatsächlich saß Steve mit im Raum, als der Trainer kurz und prägnant analysierte: »Es ist für mich unerklärlich, wie wir dieses Spiel gewinnen konnten. Normalerweise kritisiere ich keine einzelnen Spieler vor der ganzen Mannschaft. Aber Volker, ich muss dir auf jeden Fall sagen, dass du zwar drei Tore geschossen hast, aber mit Abstand, mit großem Abstand, der schlechteste Spieler auf dem Platz warst. Bei Lu möchte ich mich entschuldigen. Ich hätte im Training sehen müssen, dass du nicht Libero spielen kannst.«

Steve erzählt auch heute noch oft von dieser Mannschaftssitzung, meist mit Tränen in den Augen.

LEICHTES SPIEL

Murphy wollte mich nach dem Spiel anrufen. Der HSV hatte soeben in Bremen gewonnen.

Als es klingelte, schrie ich deswegen auch »Sekt für die Nutten, Champagner für uns!« in den Hörer und wartete auf Murphys »Wir sind alle Hamburger Jungs!«. Leider war Murphy nicht am Apparat.

»Ja, guten Abend, hier spricht Theo Zwanziger«, sagte Theo Zwanziger.

»Mir ist zu Ohren gekommen, dass Sie permanent über Frauenfußball lästern. Immer wieder höre ich von Deppen wie Ihnen, die glauben, eine Kreisligamannschaft würde die Frauen-Nationalmannschaft schlagen. Ich habe mit den Mädels gesprochen, sie sind bereit. Besorgen Sie eine Kreisligamannschaft Ihrer Wahl, das Spiel findet Mittwoch in zwei Wochen in Fürth statt.«

»Äh«, konterte ich, »das mit der Kreisligamannschaft habe ich nicht ernst gemeint. Ich denke, meine Stammtischtruppe ›Mother's Little Helper‹ wird reichen. Von uns ist keiner unter 35, und nur zwei haben je im Verein gespielt. Ich freu mich, Theo.«

Erst als ich auflegte, erschrak ich. Ebenso die Jungs, nachdem ich sie vor unserem wöchentlichen Sonntagskick informiert hatte.

»Spinnst du?«, rief Pauli aufgebracht. »Die machen uns so platt, das sind Hochleistungssportlerinnen!«

»Du sagst es – Sportler*innen*. Und wir reden hier von Fußball! Also mach dich nicht lächerlich!«, versuchte ich ihm Mut zu machen.

Ganz sicher war ich mir aber auch nicht mehr. Ich beschloss, noch ein paar Leistungsträger der »Lucky Strikers«, unseres Trainingspartners, einzubauen.

Roger sagte spontan zu, bestand aber darauf, dass am Vorabend des Spiels alle anständig ausgingen.

Die nächsten Tage waren sehr anstrengend. Nicht, dass wir so viel trainiert hätten, aber ich hatte einen Pressetermin nach dem anderen. Das Ganze grenzte ein wenig an Rufmord. Sie wollten mich als Macho hinstellen.

»Herr Keidel«, blaffte mich Anne Will an, »warum lassen Sie Frauen nicht einfach Fußball spielen und halten Ihre Klappe?!«

So wurde ich noch nie beleidigt.

»Ich lasse Frauen durchaus Fußball spielen. Ich versuche lediglich, möglichst viele Menschen davor zu schützen, sich das anzuschauen. Ich verstehe nicht, warum Sie mich nicht in Ruhe lassen? Ich putze, ich wasche, ich bügle, ich spiele mit meinen Kindern und bin nett zu meiner Frau. Da werde ich ja wohl Frauenfußball scheiße finden dürfen.«

So oder so ähnlich liefen alle Interviews. Alle hackten auf mir rum, was mich noch heißer machte. Ich wollte dieses Spiel unbedingt gewinnen.

Deswegen überredete ich Roger und die anderen, am Morgen des Spiels schon gegen vier Uhr zurück ins Hotel zu gehen.

Sechs Stunden später mussten wir wieder aufstehen, weil Hufy Weißwurstfrühstück für alle bestellt hatte.

»Hey«, schrie Flo, »lasst uns wenigstens alkoholfreies Weißbier trinken.«

Ein guter Witz.

Kurz nach dem Frühstück fuhren wir gegen 18 Uhr Richtung Stadion. Richtung Playmobil-Stadion. Ach nein, Playmobil-Stadion war den Verantwortlichen ja irgendwie zu albern geworden. Lange hatten sie überlegt und sich dann auf den Namen Trolli-Arena geeinigt. Wie passend für diesen Kinderfasching.

Ich hatte mir vorgenommen, im letzten Interview vor dem Spiel vorzuschlagen, das Stadion in Barbie-Kampfbahn umzubenennen.

Eine großartige Idee, wie ich fand.

Dann entschied ich mich jedoch, nicht noch mehr Öl ins Feuer zu gießen. Schließlich war die Hütte ausverkauft, und geschätzte achtzig Prozent der Anwesenden waren weiblich und gegen uns.

In der Kabine machten wir uns noch mal heiß. Das Übliche halt.

»Die kochen auch nur mit Wasser!« oder »Die bügeln wir nieder!«.

Danach flochten sich die Langhaarigen im Team gegenseitig Zöpfe.

Kaum draußen – wir hatten auf die Nationalhymne verzichtet –, ging es auch schon los.

Als wir uns beim Anstoß gegenüberstanden, stellte ich erschrocken fest, dass wir körperlich nicht überlegen waren. Mindestens drei Damen hatten Oberschenkel wie Hans-Peter Briegel. Sie schienen richtig sauer zu sein, sie wollten uns lächerlich machen und uns mindestens zweistellig schlagen. Alle 11 Freundinnen schauten wie Eric Cantona vor seinem legendären Sprung.

Ich wusste, dass ich ein Zeichen setzen musste. Deshalb

versuchte ich just nach dem Anstoß, Alexandra Popp zu tunneln.

Das heißt, ich wollte es versuchen, wurde aber zuvor von Simone Laudehr übelst umgenietet.

»Mensch, Simone, pass doch auf deine Fingernägel auf«, wollte ich witzig sein, doch sie lachte nicht.

Nach einer Minute zog ich in Betracht, dass uns die Mädchen eventuell läuferisch eine winzige Nuance überlegen waren. Ich stemmte meine Hände in die Hüften, auch Rainer pumpte wie ein Maikäfer.

Meine Mitspieler hassten mich, ich hasste mich selbst und mein großes Maul. Die Frauen kombinierten traumwandlerisch, und ihre Anspannung löste sich allmählich. Sie merkten, dass wir alte, fette Schweine waren, zudem fußballerisch sehr limitiert.

Nun kämpften wir. Wir warfen uns in die zahlreichen Schüsse, spielten auf Zeit, und unser Torwart Alex machte das Spiel seines Lebens. Wir nahmen das 0:0 mit in die Kabine, und da hätten wir es am liebsten auch gelassen.

Wir wollten nicht mehr raus, manche schliefen ein.

Ich baute die Mannschaft etwas auf: »Jungs, die haben wir klar im Sack. Eine Frage der Zeit, bis wir das Ding entscheiden.«

Sie hatten nicht einmal die Kraft zu lächeln. Sie brauchten die letzten Reserven, um den Weg durch die Katakomben zu schaffen, ohne sich zu übergeben.

Die zweite Halbzeit war ein Spiegelbild der ersten. Popp & Co. schafften es einfach nicht, den Ball über die Linie zu drücken. Frauenfußball.

Dann kam die schicksalsträchtige 90. Minute. Ich torkelte nur noch durch den Strafraum. Es fiel mir schwer, nicht umzufallen.

Genauso schwer fiel es mir zu glauben, dass ich in der letzten Minute über diesen einfachen Ball schlug.

Anja Mittag stand plötzlich alleine vor dem Tor. Sie täuschte einen Schuss an, unser Keeper flog in eine Ecke, die andere war blöderweise daraufhin leer. Mittag holte aus, ich konnte nur noch schnell »Frank Mill!« schreien, und sie schob den Ball … an den Pfosten.

Kid drosch den Ball nach vorne, die Liberoin rutschte weg, und Eisi rannte aufs Tor zu. Unser einziger Stürmer Eisi war noch recht frisch, es war sein erster Ballkontakt.

Eisi trägt Spitznamen wie Blindschleiche, Stevie Wonder, Benny Lauth und Chancentod. Manche werden es erahnen, Eisi ist kein Knipser. Außerdem nennen wir ihn Mr. Eigensinn. Ich habe ihn noch nie abspielen sehen. Was allerdings in diesem Moment auch nicht so die Rolle spielte, denn Eisis nächster Mitspieler stand 70 Meter entfernt.

»Mach's alleine, Eisi!«, schrien wir wie aus einer Kehle.

Wir schlugen die Hände vors Gesicht, als er 30 Meter vor dem Tor ausholte. Auch unser Fanblock an der Eckfahne ging in Deckung.

Dann schlenzte er den Ball in den Winkel.

Nadine Angerer, die wohl besser Biathletin geworden wäre, schaute dem Ball fassungslos hinterher.

Wir wären ausgeflippt, hätten wir uns noch bewegen können. Eisi musste die ganzen 70 Meter zu uns zurückrennen, um mit uns jubeln zu können.

Der Schiri pfiff das Spiel nicht mehr an. Der Rest ist Geschichte.

»Was für ein Finale furioso! Was sagst du dazu?«, fragte Waldi Duzmaschine Hartmann, der urplötzlich neben mir stand.

»Tja«, antwortete ich, »es war klar, dass wir gewinnen würden. Ich dachte bloß nicht, dass es so leicht wird.«

ELFMETERKILLER RELOADED

Ich hatte Boris Becker 1985 treu von der ersten Runde bis zum Halbfinalsieg gegen Anders Järryd begleitet, als der Vereinsfußballgott mit aller Gewalt zuschlug und ein gigantisches Opfer forderte.

Wir sollten auf das Wimbledonfinale zwischen Neu-Tennisgott Becker und Kevin »Blindschleiche« Curren verzichten und dafür den sportlich sehr wertvollen Graf-Arco-Bier-Cup in Goßmannsdorf ausspielen.

Doch Gott wäre nicht Gott, hätte er sich nicht auf wunderbare Weise bei uns bedankt. Aber immer schön der Reihe nach.

Wenn man weiß, dass sich beim Graf-Arco-Bier-Cup namhafte Mannschaften wie der VfR Burggrumbach, der TSV Goßmannsdorf oder der SV Oberpleichfeld die Ehre gaben, kann man sich das Niveau der Spiele gut vorstellen. Um die 100 dickbäuchige, unfitte Möchtegerns taumelten schwerfällig über den Platz und spielten einen derartigen Dreck zusammen, dass sich jeder für jeden schämen musste.

Zu allem Überfluss herrschten auf dem Spielfeld etwa 55 Grad Celsius.

Ich sinnierte wieder einmal, ob ich im Leben alles richtig gemacht hatte oder ob es nicht vielleicht besser gewesen wäre, mich mehr auf die Schule zu konzentrieren.

Ich hätte daheim vor dem Fernseher sitzen und dabei abwechselnd Tennis und mein überragendes Abizeugnis anschauen können.

Ich hätte überlegt, ob ich Physik oder Altphilologie studieren sollte, und mein stolzer Vater hätte mir eiskalte Drinks serviert und Luft zugefächelt.

Während unbedeutender Ballwechsel hätte ich schnell ein paar Computerprogramme schreiben können, um mir den Unterhalt meines Porsche leisten zu können, den ich kurz zuvor bei einem eigentlich unlösbaren Preisausschreiben gewonnen hätte.

Hätte, hätte, hätte ...

Aber ich hätte niemals diesen Elfmeter gesehen.

Es war im Spiel um Platz 5, ein klägliches 0:0 nach peinlicher Verlängerung – also Elfmeterschießen.

Da schaut man ja schon mal hin, ein Elferschießen ist auch in den miesen Spielklassen attraktiv.

Es war der letzte Elfmeter in diesem Spiel, und ich kann es vorwegnehmen: Die Mannschaft dieses Schützen hat das Spiel nicht gewonnen und ihn nicht auf Händen vom Platz getragen.

Hochkonzentriert legte sich der Spieler vom Typ Innenverteidiger, der selten die Mittellinie überquert, den Ball zurecht. Schön das Ventil nach oben, die Vorbereitung war optimal. Er nahm einen übertrieben langen Anlauf, schaute dem verängstigten Keeper kurz siegesgewiss in die Augen ... Pfiff!

Grazil wie einst Kaiser Franz lief er an, holte aus wie Bulle Roth und zog ab wie der »Godfather of Befreiungsschlag«, Klaus Augenthaler.

Nur wenige Augenblicke später nahmen sich wildfremde, rotgesichtige und aufgedunsene Menschen in die Arme, lagen wie Minenopfer über das Spielfeld verstreut, schrien, lachten, bekamen keine Luft mehr.

Was war passiert?

Beim Ausholen hatte unser ehrgeiziger Sportkamerad den Ball leider aus Versehen mit seinem Standbein 25 Zentimeter weggespitzelt, wo er auch nach dem eigentlichen Schuss noch lag.

Als sich das hinabschnellende Schussbein – immer noch nach dem Ball suchend – schließlich über Schulterhöhe befand, schnellte sein restlicher Körper in bester Zeichentrickfilmmanier nach und knallte aus anderthalb Metern Höhe auf den Boden.

Plötzlich war die Stimmung gelöst. Keiner dachte mehr an das blöde Tennisfinale, ich nicht mehr an den Porsche, und selbst Graf Arco blickte selig vom Himmel auf seinen Zapfhahn, der jetzt nicht mehr stillstand.

Einzig der nervenstarke Elfmeterschütze saß etwas abseits auf einer Bierbank und schüttelte traurig den Kopf.

DAS WUNDER VON BERND

Ich war der erste Mensch, der wusste, dass Bernd Hollerbach Fußballprofi wird. Vielleicht haben es einige vor mir gehofft oder gedacht, aber ich wusste es definitiv zuerst.

Folgende Szene:

C-Jugend-Bezirksliga Ost (Unterfranken), ASV Rimpar gegen Kickers Würzburg, Spielstand 1:1, kurz vor Schluss, indirekter Freistoß für uns, geschätzte 41 Meter Torentfernung.

Bernd: »Volker, leg quer, ich hau drauf!«

Ich hielt es für einen Witz, lachte kurz, sah ihn an und merkte schnell, dass es ihm ernst war.

An den exakten Wortlaut kann ich mich 22 Jahre später nicht mehr erinnern, sinngemäß sagte ich aber: »Hahahaha, Bernd, hör zu, wir beide sind dreizehn Jahre alt, alt genug, um zu wissen, dass ein Schussversuch eines Kindes unseres Alters aus dieser doch beträchtlichen Distanz keinesfalls zum Erfolg führen wird.«

Bernd sagte sinngemäß: »Ach, halt's Maul, du dumme Sau, leg quer!«

Da ich Bernd schon seinerzeit körperlich unterlegen war, verzichtete ich auf weitere Diskussionen und kam seiner Bitte nach.

Was dann geschah, kann keiner der damals Anwesenden bis heute vergessen haben. Ein Mario Basler oder ein Roberto Carlos hätten niemals eine Profikarriere in Betracht gezogen, hätten sie diesen monströsen Schuss sehen können.

Der Ball flog von Bernds Schuhspitze wie an der Schnur

gezogen mit einer Geschwindigkeit um die 200 Stundenkilometer in den 41 Meter entfernten rechten Torwinkel.

Mir wurde spontan sehr übel. Ich malte mir das Szenario aus, wären die Kickers auf die absurde Idee gekommen, eine Mauer zu bilden: herumliegende Körperteile, Sturzbäche von Blut und Tränen, ein achselzuckender Bernd Hollerbach und so weiter.

Die Kickers mussten nach dem Spiel zwar ihre Meisterschaftsträume begraben, waren aber überglücklich, dass sie nicht sich selbst begraben mussten. Und die ganzen Körperteile.

In diesem Augenblick wurde mir klar, dass ich nur ein kleiner, mieser Provinzkicker war. Mit dreizehn aller Illusionen beraubt, das war nicht schön von Bernd.

Er wechselte kurz darauf ausgerechnet zu Kickers Würzburg (wie die wohl auf ihn gekommen sind?), und ich musste fünf Jahre warten, bis ich mich für diese Enttäuschung revanchieren konnte.

Wir trafen in einem Freundschaftsspiel aufeinander. In einer Sekunde der Unachtsamkeit schob ich Bernd den Ball durch die Beine. Bernd adelte mich mit den Worten »Du Drecksack«, aber ich hatte irgendwie das Gefühl, er würde es mir heimzahlen.

Und das tat er, wenn auch nicht direkt. Er verwirklichte sich meinen Kindheitstraum, indem er Profi beim HSV wurde. Bei *meinem* HSV! Er als damaliger Bayern- und Lothar-Matthäus-Fan.

Außerdem wurde er noch schnell bester Metzgerlehrling Bayerns, während ich ein paar Jahre später mein Studium abbrach und mit dem VfR Burggrumbach in die C-Klasse abstieg. Ich arbeitete bei Siemens am Fließband.

Egal, wenigstens das Bier schmeckte mir noch. Gerne saß ich mit einem Sixpack am Bolzplatz meiner Kindheit und dachte an all die wunderschönen Tore, die ich hier erzielt hatte. Ich war glücklich, wenn ich meinen Bolzplatz betrat, ach was, auch wenn ich nur mit dem Auto an ihm vorbeifuhr.

Bis dann Bernd Hollerbach von seinem ersten Profigehalt zwei Mehrfamilienhäuser darauf bauen ließ.

EIN ABGESANG

Mensch Rafael, was hast du nur aus dieser Chance gemacht? Ich konnte es damals zuerst nicht glauben. Der HSV sollte van der Vaart gekauft haben. Für läppische fünf Millionen. Der HSV, der zu dieser Zeit nur Spieler wie Andreas Fischer oder Marcel Maltritz gekauft hat.

Nichts gegen die beiden – Superjungs –, aber van der Vaart war der 10er der Holländer, ein 10er der alten Schule mit einer gewaltigen linken Klebe und Bewegungsabläufen, von denen Maltritz noch nicht einmal träumen konnte, weil er sie nicht verstand.

Dazu noch torgefährlich und verheiratet mit einer schönen Frau.

Erst als van der Vaart sein erstes Bundesligaspiel für den HSV absolvierte, war es für mich amtlich.

Es war so schön. Gleich in der ersten Saison führte er uns in die Champions League. Alle Hamburger Männer waren verliebt in Sylvie van der Vaart, alle HSV-Fans schwebten, ja tanzten in einer rosa-schwarz-weiß-blauen Traumwelt. Ich war glücklich und gab mein unfassbares Glück eins zu eins an meine Umwelt weiter. Ich wurde ein unglaublich aufmerksamer und liebenswerter Ehemann, ein fürsorglicher Vater und ein Freund, mit dem man ein Bier trinken gehen konnte, ohne dass er zu jammern anfing.

Das Allerallerschönste aber war, dass Rafi, wie ich ihn liebevoll nannte, gerne in Hamburg war. Er hatte, wie er sagte, kurz vor der Vertragsunterzeichnung ein 0:0 des HSV gegen Gladbach gesehen und den Volkspark als einen noch nie da gewesenen Hexenkessel erlebt. Rafi liebte den HSV, das Stadion, die Fans, den Vorstand, den Manager, den Masseur, die Stadt, die Elbe, die Landungsbrücken, Hamburger, Aale-Dieter, die Reeperbahn und Lotto King Karl, sogar das Training liebte er.

Und ich Trottel hab ihm das geglaubt. Warum sollte er das sonst erzählen? Er hat es so überzeugend rübergebracht, dass ich glaubte, er sei anders. Anders als die ganzen Millionärslegionäre, die die Bundesliga und den Fußball und die Welt belügen.

Nein, ich glaubte mit meiner rosaroten-schwarz-weiß-blauen Brille auf der Nase, van der Vaart würde noch mit 38 beim HSV spielen und unzählige Meisterschaften und Pokale in die Stadt holen. Er würde in einem Atemzug mit Uwe Seeler und Hermann Rieger genannt werden, und mein drittes Kind würde Rafael oder Sylvie heißen. Seine Kinder würden richtige Hamburger Jungs werden und vielleicht zusammen mit meinen Kindern beim HSV spielen. Wir würden die Racker vom Training abholen, und Rafael würde auf mich zustürmen, mich in den Arm nehmen und mir »So geil, der HSV!« ins Ohr plärren. Und mich fragen, ob ich später noch ins »Dollhouse« käme. Sylvie würde dort tanzen. »Du weißt doch, ich habe die letzten zehn Jahre auf mein Gehalt verzichtet, weil ich so stolz war, für den HSV spielen zu dürfen. Jetzt muss halt Sylvie ein bisschen was dazuverdienen.«

Würde, würde, würde. Von wegen Würde.

Kaum zwei Jahre später wollte er nach Valencia, weil ihm der HSV ein zu arroganter Verein geworden sei und es ihm Schmerzen bereitet hätte, in Hamburg zu bleiben. Er sagte das wörtlich: dass es ihm Schmerzen bereiten würde, in Hamburg zu bleiben.

Ach ja, und weil seine Großeltern nahe Valencia wohnen und ihn gerne noch einmal spielen sehen wollten.

Hast du echt geglaubt, ich würde dir das abnehmen? Nein, ich hatte dir schon einmal vertraut.

Hast du schon einmal überlegt, warum deine Großeltern nach Spanien gezogen sind? Vielleicht weil sie dich *nicht* spielen sehen wollten? Weil sie dich vielleicht *nie mehr* sehen wollten? Vielleicht hatten sie genug von dir und deinem Charakter? Weil du schon als kleiner Junge so unerträglich warst. Weil du so vorlaut warst und den anderen Kindern immer den Ball weggenommen hast. Weil du nur brav warst, wenn Opa mit der Brieftasche gewedelt hat? Vielleicht deswegen? Falls dem nicht so ist, hättest du mit mir reden können. Ich hätte deinen Großeltern den Flug nach Hamburg gezahlt und sie vom Flughafen ins Stadion gebracht.

Für einen Fußballer ist es einfach. Läuft es bei einem Verein nicht so gut, geht er zum nächsten.

Aber schau mich an. Hier in München gäbe es bestimmt einige, die viel Bier zahlen würden, wenn ich Bayern-Fan werde. Außerdem würde ich 800 Kilometer näher am Stadion wohnen. Werde ich deshalb Bayern-Fan? Ich habe bei einer Tombola eine Rapid-Wien-Mütze gewonnen. Werde ich deshalb Rapid-Fan? Ach ja, und ich habe noch eine Großtante in Berlin. Die wollte mich noch mal im Hertha-Trikot sehen. Werde ich deshalb Hertha-Fan?

NEIN!

Nein, ich bin Fan vom HSV. Für immer. Kein Mensch außer einem Bayern-Fan will Bayern-Fan sein, Wienerisch könnte ich auf Dauer nicht ertragen, und die Hertha ist mir zu langweilig.

Nein, ich werde mit dem HSV durch alle auch noch so tiefen Täler gehen. Du hast damals noch eine gute Saison für den HSV gespielt und bist dann nach Madrid gegangen. Weil es schon immer dein Traum war, für Real zu spielen. Wer aus deiner Verwandtschaft wohnt da eigentlich? Hast du auch Verwandtschaft in Turin? Da könntest du in einem Hexenkessel vor 14 000 Zuschauern spielen.

Manchmal tut ihr mir leid, ihr Profis. Mit dem ersten Vertrag unterschreibt ihr, kein Fußballfan mehr zu sein.

Vielleicht gibt es einige Ausnahmen wie Lars Ricken, Raúl oder Ryan Giggs.

Aber jeder Fan wird irgendwann belohnt für seine Treue.

Irgendwann, da bin ich ganz sicher, in den nächsten 20 bis 30 Jahren wird der HSV noch einmal Meister werden. Dann werde ich unter allen Umständen beim entscheidenden Spiel im Stadion sein und danach eine Woche in Hamburg verbringen. Ich werde abwechselnd Lieder singen und weinen. Und mich freuen. Mich mehr freuen als ein Profi, wenn er die Champions League gewinnt.

Und du, Rafael, hättest auch dabei sein können. Vielleicht sogar als Spieler, wenn du seinerzeit geblieben wärst. Aber man kann die Zeit nicht zurückdrehen. Leider wird man sich später in Hamburg weniger an den Fußballer van der Vaart erinnern als vielmehr an die Respektlosigkeit mit dem Valencia-Trikot und an deine in der Öffentlichkeit ausgetragenen Frauengeschichten. Da war mehr drin.

Bayern-Fans werden diesen Text nicht verstehen. Sie verstehen auch nicht, wenn ich über Neuer oder Götze schimpfe. Sie haben den Bezug zum Fansein verloren, sie sind nicht mehr romantisch.

Sie haben so viele überragende Spieler, dass es ihnen egal ist, ob einer geht. Sie haben alles gewonnen, haben keine Träume mehr und setzen nicht all ihre Hoffnung in einen einzelnen Spieler.

Ich schon. Deshalb hoffe sogar ich als HSV-Fan, dass Kevin Großkreutz nie den BVB verlässt. Großkreutz ist der BVB, er kann nicht weg.

Sein Vater hat in *11 Freunde* versichert, dass Kevin lieber für eine Million in Dortmund spielt als für sieben Millionen in Wolfsburg.

Das hat mich tief beeindruckt.

Und ich glaube dir das, Kevin, obwohl ich schon so oft enttäuscht worden bin. Du weißt, dass man nicht von Barcelona nach Madrid, von Hamburg nach Bremen und von Burggrumbach nach Unterpleichfeld wechselt.

Du bist vielleicht der einzige Fußballfan in der Bundesliga, bitte mach es nicht kaputt.

NOCH FRAGEN?

Nie habe ich Männer verstanden, die sich von Dominas so richtig vermöbeln lassen. Das tut doch weh, das ist doch nicht schön.

Dann habe ich von meinen Kumpels diesen Gutschein zum Geburtstag bekommen. 200 Euro haben sie lockergemacht, die konnte ich unmöglich verfallen lassen.

Vielleicht würde es mir sogar gefallen. Außerdem hatte ich von Codewörtern gehört. Die schreist du einfach heraus, und schon nehmen sie dir die Wäscheklammern von den Nippeln.

Mein Codewort sollte »Abpfiff« lauten, sagte mir am Eingang der »Roten Laterne« eine 20-jährige Traumfrau.

Eine Minute später hatte sie mir zärtlich eine Augenbinde angelegt und mich ein Stockwerk höher geführt.

»Genieß es, Kleiner«, hauchte sie mir ins Ohr. Ich hoffte, dass ich die 200 Euro vielleicht bei ihr würde einlösen können, gerne auch ohne Schmerzen.

Leider schrie mich eine andere Frau an: »Zieh dich aus … zieh das an … leg dich aufs Bett! Sitzen die Handschellen fest genug?!«

So spricht man doch nicht mit Fremden. Ich musste ein bisschen lachen.

Umgehend schlug sie mir mit der flachen Hand die Augenbinde weg, und ich musste nicht mehr lachen.

Ich lag auf einem roten Plüschbett und hatte mir auf die charmante Aufforderung hin ein Bayern-Trikot mit Shorts und Stutzen angezogen, wie ich jetzt bemerkte.

Vor dem Bett stand eine durchaus wuchtige Domina im rot-weißen Lederdirndl und einer Peitsche in der Hand.

An der Wand hingen Poster von allen FCB-Meistermannschaften sowie Einzelporträts von Franck Ribéry, Olli Kahn und Katsche Schwarzenbeck.

Der Begriff Sadomaso erhielt eine völlig neue Bedeutung.

»Wer ist die geilste Mannschaft in Deutschland?«, wollte sie wissen.

Ich konnte mir in etwa denken, was sie hören wollte, versuchte es aber zaghaft mit: »Hm, der HSV spielt zurzeit ganz gut.«

Die Peitsche knallte auf meine Oberschenkel.

»Aua, spinnst du? Ich will diese hässliche Verkleidung aus- und meine Kleider wieder anziehen«, jammerte ich. »Ich finde das überhaupt nicht witzig, und du bist auch nicht gerade ein Leckerbissen. Lass mich in Ruhe und schick mir die Kleine von der Rezeption. Was du hier abziehst, das ist doch nicht sexuell!«

Peitsche.

»Dafür wurde ich auch nicht bezahlt«, lachte sie böse.

Langsam wurde mir einiges klar. Dieses einzigartige Geschenk hatte ich von Freunden bekommen, die allesamt Bayern-Fans waren.

Warum bin ich nur nach München gezogen? Anfangs wollte ich hier nichts mit Bayern-Fans zu tun haben. Aber nach zwei Monaten totaler Einsamkeit, mit meinem HSV-Bierglas als einzigem Freund, suchte ich dann doch den Kontakt zu den Einheimischen. Überraschenderweise musste ich feststellen, dass das eigentlich ganz normale Menschen sind, die lediglich ein defektes Fan-Gen haben.

Aber egal, dachte ich, mein Stadtwahl-Gen ist auch nicht astrein.

Ich schweife ab, also zurück zum Gesichtskrapfen mit der Peitsche.

Die letzte Frage hatte ich geistesabwesend nicht verstanden, abermals knallte das fiese Lederteil auf meine Beine.

»Wer war in den letzten zehn Jahren sechsmal Deutscher Meister?«, wiederholte sie.

»Na ja, der HSV war es nicht, Bielefeld kann ich auch ausschließen … kann ich jemand anrufen?«

»Sehr witzig!«, fand sie das und ließ die Peitsche niedersausen.

»Abpfiff!«

Langsam hatte ich echte Schmerzen. Deswegen schrie ich sie auch wieder an und sagte ihr, sie solle mich endlich abschnallen und mit dem Scheiß aufhören.

»Nein, erst wenn du fünf Fragen hintereinander richtig beantwortet hast, und überhaupt: Schrei mich nicht an!«

Peitsche.

Es blieb mir keine Wahl, wenn ich nach der Behandlung noch laufen wollte. Und ich wollte ja schließlich meine lustigen Freunde finden, um ihnen die HSV-Raute ins Gesicht zu tätowieren.

Selbstachtung hin oder her, da musste ich durch.

»Wer ist der beste Spieler, Trainer und Mensch aller Zeiten?«

»Franz Beckenbauer«, sagte ich, obwohl mir Horst Hrubesch schon auf der Zunge lag.

»Wer ist der beste Sänger der Welt?«

»Hm, da gibt es zwei. Schon wieder Franz Beckenbauer und dann noch Gerd Müller.«

Die Peitsche blieb stumm, anscheinend lag ich richtig.

»Welcher Ex-Fußballer ist der beste Werbeträger?«

Ich dachte an den tollen Hâttric-Werbespot mit Uwe Seeler, sagte aber: »Ja, gut, äh … das ist der Franz.«

»Wer hat die WM nach Deutschland geholt?«

»Claudia Schiffers Brüste!«, platzte es aus mir heraus.

»Nein, war nur Spaß, natürlich war das der Kaiser.«

»Du hast Glück, dass ich kein Unmensch bin«, sagte sie gönnerhaft.

»Letzte Frage: Wer hat das mit Abstand schönste Fußballstadion Deutschlands?«

»Der HSV, das Volksparkstadion, und zwar um jeden Preis!«

Ich sah, wie sie ausholte, als gäbe es kein Morgen, als plötzlich meine Freunde aus dem SM-Vorratsschrank und hinter der Gardine hervorsprangen, »Allianz Arena« skandierten und mir so als Publikumsjoker weitere Züchtigungen ersparten.

Alle außer mir hatten einen Riesenspaß und klopften sich auf die Schenkel. Meine Schenkel brannten, und ich hatte keinen Spaß.

Während sie sich schlapp lachten, schloss ich heimlich die Türe ab und schnappte mir den Elektroschocker.

»Okay, nächste Frage«, schrie ich, »welche Mannschaft spielt seit mehr als 50 Jahren durchgehend in der Bundesliga?«

DU WAHNSINN!

Ich kann mich erinnern, als wäre es gestern gewesen.
Ich musste den ganzen Samstag arbeiten, hatte aber trotzdem mitbekommen, dass der HSV 6:1 gewonnen hatte. Es war der 18. Dezember 1999, der vierte Adventssamstag. Wer jemals am letzten Samstag vor Weihnachten im Einzelhandel gearbeitet hat, weiß, was ich an diesem Tag durchgemacht habe.

Man hatte mich beschimpft, weggeschubst und vor allem nach der nächsten Toilette gefragt. Da war ich dem Fußball- oder auch dem Einzelhandelsgott doch sehr dankbar, dass er mir als Wiedergutmachung sechs HSV-Tore kredenzte.

Ich holte mir ein Bier und schaltete den Fernseher ein. Das Spiel lief schon, und es stand 5:1. Na danke Gott, welcher auch immer.

Frustriert wartete ich auf das 6:1, als plötzlich Karsten Bäron zum Aufwärmen geschickt wurde.

Karsten Bäron! Uns Karsten Bäron! Karsten Bäron, der Uli Hoeneß zwei Mal abgesagt hatte und beim HSV geblieben war. Karsten Bäron, der für uns alle das einzige Versprechen der schlimmen neunziger Jahre gewesen war.

Dann verletzte er sich schwer, wurde sieben Mal operiert und hatte bis zu diesem 18. Dezember 980 Tage nicht mehr gespielt.

Irgendwie hatte ich es nicht mitbekommen, dass sein Comeback bevorstand.

Im Stadion ging es wohl vielen ähnlich, die Stimmung

wurde immer ausgelassener. Erst recht, als Bäron zur Bank gerufen wurde und schließlich seine Trainingssachen auszog.

Die fünf HSV-Tore zuvor waren unwichtig geworden. Jeder HSVer wusste, dass etwas Größeres bevorstand. Die Fans skandierten seinen Namen, mir stiegen die ersten Tränen in die Augen, jetzt beim Schreiben wieder.

Dann passierte etwas Unwirkliches. »Air Bäron« stand bereit, doch der Ball ging nicht ins Aus, kein Spieler foulte, das Spiel wurde minutenlang nicht unterbrochen. Minuten, die einem wie Stunden vorkamen.

Es knisterte im Stadion, auch die Spieler wirkten wie paralysiert, ich konnte kaum atmen.

Die Fans wurden immer lauter.

Ich habe bei jedem HSV-Spiel feuchte Handflächen, mein Gesamtbefinden ist vom HSV abhängig, seit 36 Jahren denke ich täglich mehrmals an den HSV. Mir war es vergönnt, in meinem Leben schon an einigen bewegenden Sportereignissen teilhaben zu dürfen.

Ich habe den Europapokalsieg 1983 angeschaut, habe mit Klafke nach unserem Jugendspiel das 4:3 des HSV in München auf einer Bank am Schlossberg in Rimpar im Radio angehört und geschrien vor Glück.

Ich war 1990 zur WM in Italien und habe später mitgeholfen, nach dem Finalsieg die Würzburger Innenstadt in Schutt und Asche zu trinken und zu rauchen.

Ich war im Stadion, als der alte Jimmy Connors bei den French Open nach 0:2-Satzrückstand gegen Michael Chang von Krämpfen geplagt ausglich und im fünften Satz nach dem ersten Ballwechsel, den er übrigens gewann, zum Schiedsrichter ging und aufgab.

All das waren ergreifende Momente, aber nicht zu vergleichen mit der folgenden Geste eines Spielers des MSV Duisburg, Thorsten Wohlert.

Sicher wusste er in dem Moment nicht um die Größe seiner Tat. Jedenfalls nahm er sich nach einer Ewigkeit ohne Spielunterbrechung den Ball und drosch ihn ins Aus, damit Bäron endlich eingewechselt werden konnte.

Daraufhin brachen alle Dämme, ich heulte ungefähr zehn Minuten lang Rotz und Wasser, und insgesamt tippe ich auf zwei Millionen vor Ergriffenheit weinende Männer in Deutschland. Auch als Werder- und St. Pauli-Fan darf man ruhig zugeben, dass es noch keinen schöneren Moment im deutschen Fußball gegeben hat.

Fußball ist kein Sport für Proleten, bei dem 22 Männer dem Ball hinterherrennen und am Ende Deutschland gewinnt.

Fußball ist – jetzt wird's eventuell schnulzig – wahre Leidenschaft. Fan sein bedeutet, sein Leben lang verliebt zu sein. Aber es ist kein profanes Verliebtsein, sondern wie das Verliebtsein der ersten Wochen, ein furioses Verliebtsein. Man kommt nicht mehr aus dem Bett raus, schaut sich gegenseitig immerzu an und bestellt noch schnell eine Pizza, bevor man schon wieder Sex hat. Man weiß, dass diese Liebe nie vorübergeht. Im Gegenteil, die Liebe wird immer stärker. Es tut oft weh, aber der Schmerz schweißt einen noch fester zusammen.

Ganz schwer ist es, wenn man durch die Länderspielpause getrennt wird. Man weiß nicht recht, was man an diesen spielfreien Samstagen mit sich anfangen soll. Natürlich kann man einem Freund beim Umzug helfen, aber was ist ein Umzug ohne »Heute im Stadion«? Nichts, da schmeckt nicht einmal das Bier.

Am Samstag drauf ist dieses Gefühl wieder da. Es hat außer bei Bäron nichts mit den Spielern zu tun, es ist die Raute, es sind die blauen Stutzen, es sind die Landungsbrücken. Der HSV ist so schön, dass man alles von ihm wissen will. Jeder Zeitungsartikel ist wie ein Liebesbrief, man geht pausenlos zum Briefkasten. Ein langer Artikel über den HSV in der *SZ* macht mich glücklich. Ich bin stolz wie eine Löwenmama, wenn ein neutraler Mensch gut über den HSV spricht. Ja, sage ich dann lächelnd, er ist toll.

Ich mag ihn so, wie er ist. Chaotisch, tollpatschig, aber liebenswert.

Er hat Klasse. Ich liebe es, mit dem HSV-Trikot durch München zu gehen. Alle schauen dich an. Anfangs dachte ich immer, dass sie mich anschauen, weil ich – wieder mal – unwiderstehlich bin. Dann merkte ich jedoch, dass sie den HSV meinten. Die Raute fasziniert einfach, es gibt kein schöneres Wappen. Kein anderer Verein in Europa hat ein Wappen ohne Buchstaben und Zahlen. Dann ist es auch noch schwarz und weiß und blau. Das sind zufälligerweise meine drei Lieblingsfarben.

Die Raute ist ein Symbol aus der Schifffahrt. Sie ist für mich wie das Einlaufen in den Heimathafen. Ich glaube nicht, dass ich jemals in meinem Leben eine Raute übersehen habe. Ich sehe sie überall. Als Fenster in Haustüren, als Muster in gepflasterten Einfahrten oder als zwei aneinandergekuschelte Peperoni auf meiner Pizza.

Jedes Vorfahrtsschild macht mir Freude, oft beschleunige ich dann etwas.

Einer meiner emotionalsten Momente mit meinem Sohn war, als er mit zwei Jahren am Boden sitzend seine Knie nach außen gedrückt, mich angeschaut und auf seine Beine zeigend »Guck mal, Papa, HSV!« gesagt hat. Ja gut, seine Geburt war auch super, oder als er das erste Mal Hrubesch gesagt hat.

Nächstes Wochenende spielt der HSV in Freiburg. Ich bin aufgeregt, wenn ich daran denke. Ihn wiederzusehen. Wir sind auf dem fünfzehnten Platz, aber das macht nichts, er gibt sich Mühe. Er will mir gefallen, das merkt man.

Er gefällt mir, ich bin verliebt. Mehr geht nicht. Nur der HSV!

SCHWARZSEHER

Es ist sehr erniedrigend, wenn man etwas behauptet und keiner glaubt einem. Vor allem, wenn man sich seiner Sache hundertprozentig sicher ist und alle lachen und kommen sich total lustig vor.

So geschehen vor ein paar Jahren in einer Kneipe in Würzburg. Unser Freund Hannes wollte uns allen Ernstes weismachen, dass man über das Versandhaus Quelle früher Hunde kaufen konnte. Klar, Hannes.

Wir stellten uns vor, wie der Briefträger ein bellendes Paket abliefert oder wie man einen Pulli in einen Pudel umtauscht. Kurzum, wir waren total fröhlich und auch sehr witzig, und je witziger wir wurden, desto mehr schwoll Hannes' Halsschlagader an. Bis er uns viele Schimpfwörter um die Ohren knallte und nach Hause ging.

Am nächsten Abend betrat Hannes die Kneipe wie einen Saloon, stolzierte an unseren Tisch, knallte uns abermals Schimpfwörter um die Ohren und ein Blatt Papier vor die Nase.

Dann verließ er das Lokal, ohne sich noch einmal umzudrehen, aber nicht ohne uns vorher beide Mittelfinger gezeigt zu haben.

Vor uns lag die Kopie einer Katalogseite von Quelle, und gleich neben dem Rauhaardackel war er tatsächlich abgebildet, der Pudel. Man konnte ihn in Weiß, Schwarz und Apricot bestellen. Ich bestellte mir spontan erst einmal ein großes Wasser. Wir sprachen nur noch das Nötigste, tranken aus und gingen beschämt heim.

Wie uns Hannes nach seiner zickigen Phase erzählte, war er an diesem Samstag sehr früh aufgestanden und nach Fürth in die Quelle-Zentrale gefahren. Nach einstündiger Diskussion mit diversen Quelle-Mitarbeitern, die ihm ebenfalls durch die Bank nicht glaubten und ihn belächelten, wurde er ins Archiv durchgelassen, wo er, angefixt durch Rachegelüste, stundenlang Mikrofiches durchforstete. Kurz vor 19 Uhr, der letzte Angestellte hatte Hannes kopfschüttelnd aufgefordert, die Suche endlich zu beenden, brach dieser in lauten Jubel aus, kopierte den Pudel und fuhr direkt in unsere Stammkneipe. Während der Fahrt inszenierte er seinen Auftritt. Allerdings gab er zu, dass er zwischenzeitlich, nach circa sechs Stunden Suche, kurz selbst geglaubt hatte, er hätte sich alles nur eingebildet.

Und jetzt ist mir was ganz Ähnliches passiert, deshalb komme ich darauf:

Wenn man als Amateurfußballer die 35 und somit den Zenit seiner Leistungsfähigkeit überschritten hat, stellt man sich jedes Mal von neuem die Frage, ob man noch einmal neue Fußballschuhe braucht oder nicht. Man, jedenfalls ich, entscheidet sich jedes Mal dafür. In irgendeiner Mannschaft können sie dich immer gebrauchen.

Nun, ich wollte neue Fußballschuhe. Ein allerletztes Mal, so viel stand fest. Die größte Auswahl rechnete ich mir bei Sport-Scheck aus, also enterte ich die Fußballabteilung.

Zuerst dachte ich, ich hätte mich verlaufen und wäre in der Golf-, Tanz- oder einer anderen Scheißsportabteilung gelandet, aber tatsächlich waren das in den Regalen Fußballschuhe. Ein Diadora-Schuh in Rot und Türkis neben einem Modell von Nike in Neongelb mit lila Schweif. Mann, das Ding soll doch nicht im Schwarzlicht leuchten, ich will damit lediglich den

Ball aus 35 Metern ins Kreuzeck zimmern. Ich schaute mich weiter um. Blaue Schuhe, rosa Schuhe, Schuhe in Orange, Pink und Weiß. Ja, ein weißer Fußballschuh. Kein Ballettschläppchen, sondern ein weißer Fußballschuh! Daneben Karomuster.

Ich nahm allen Mut zusammen und sprach einen Verkäufer an: »Entschuldigen Sie, haben Sie schwarze Fußballschuhe?«

Er schaute mich an wie ich den Pudel im Quellekatalog und antwortete: »Gibt es nicht, aber wir haben einen mit schwarzen Schnürsenkeln.«

»Wie, gibt es nicht? Hol mal deinen Chef.«

Der Chef sah nicht aus wie ein Chef, war maximal 23 und trug hellgrüne Adidasschuhe mit roten Streifen. Mir schwante nichts Gutes, ich brachte aber dennoch mein Anliegen vor.

»Schwarze Fußballschuhe?«, fragte er lachend nach, »müssen Sie noch auf 'ne Beerdigung? Nee, Spaß beiseite, es gibt keine schwarzen Fußballschuhe.«

»Natürlich gibt es die«, maulte ich ihn an, »ich habe mein Leben lang in schwarzen Fußballschuhen Traumpässe geschlagen! Sagt dir Copa Mundial nichts?«

»Nein«, antwortete er, »aber wir haben den X-Ray XTC Forty-Four Special Drive neu reinbekommen. Der ist dunkelgelb, wenn Sie unbedingt was Spießiges wollen.«

»Nein!«, schrie ich. »Ich will einen schwarzen Fußballschuh. Der Matthias Sammer hat sogar mal seine weißen Streifen schwarz angemalt, weil er nicht so auffällige Schuhe wollte. Du kennst doch Matthias Sammer, oder?«

»Nee, kenn ich nicht. Ich interessiere mich auch nicht so für Fußball, ich verkaufe die Dinger nur. Aber meine Kumpels spielen Fußball. Der Murat und der Domenico, die haben auch keine schwarzen Fußballschuhe.«

»Ja, klar, Südeuropäer zählen nicht. Die hab ich auch noch nie mit schwarzen Fußballschuhen gesehen.«

»Was will der?«, mischte sich ein anderer Kunde ein.

»Schwarze Fußballschuhe? So ein Quatsch!«

»Spinnt ihr jetzt alle, oder was!?«, flippte ich ein wenig aus.

»Es gibt schwarze Fußballschuhe! Hatten früher alle! Gerd Müller, schwarz! Manni Kaltz, schwarz! Calle Del'Haye, schwarz! Werner Buttgereit, schwarz! Ata Lameck, schwarz!«

Plötzlich packten mich zwei kräftige Männer und steckten mich in eine weiße, viel zu enge Jacke.

»Schwarz!«, schrie ich. »Gerard Plessers, schwarz! Hermann Ohlicher, schwarz! Pudel, schwarz! Pudel, weiß! Pudel, apricot!«

SCHNI-SCHNA-SCHNAPSI

Ich erzähle oft irgendwelche Geschichten aus meiner Jugend. Das liegt daran, dass mir diese Zeit gut gefallen hat. Da werde ich ja wohl davon erzählen dürfen. Oder?

Auf jeden Fall gab's da in meiner Oberstufenzeit, also circa vor zweieinhalb Jahrzehnten, in der Würzburger Diskothek »Airport« jeden Mittwoch eine Studentenparty. Die hat drei Mark Eintritt gekostet, und mit einer geliehenen Immatrikulationsbescheinigung konnte man beliebig viele Altbiere trinken. Und weil die Gläser so klein waren und das Altbier so wenig Kohlensäure hatte, waren beliebig viele ganz schön viele.

So kam es dann des Öfteren so, dass wir im Auto schliefen und direkt zur Schule fuhren. Aus meiner Stufe war niemand dabei, die mussten viel fürs Abi lernen und waren auch sonst ziemliche Deppen. Ich war mit Fußballkumpels aus meinem Kaff unterwegs. Mit denen musste ich nicht viel reden, wir tranken lieber Altbier und tanzten zu Drecksstudentenliedern wie »Roxanne« oder »Urgent«. Sie mochten mich, vor allem wegen meines Autos und der Schlafmöglichkeit.

Meine Klassenkameraden dagegen kamen irgendwann auf mich zu und meinten, mit mir reden zu müssen.

»Volker«, sagten sie mit lächerlich ernsthaften Gesichtern, »wir machen uns Sorgen. Du stinkst jeden Donnerstag so dermaßen nach Alkohol, dass sich niemand mehr neben dich setzen will. Du bist zwar nicht gerade der Hellste, aber selbst du könntest das Abitur schaffen. Doch du musst aufpassen, nicht zum Alkoholiker zu werden. Dein Problem sind diese asozialen Fußballer, mit denen du dich abgibst.

Also wir spielen alle Tennis, das ist eine etwas kultiviertere Sportart. Komm doch am Wochenende zu unserem Spiel und schau zu, vielleicht bekommst du ja Lust mitzumachen.«

Gerne hätte ich sie schwer verprügelt, muss aber zugeben, kalt erwischt worden zu sein, und sagte zu.

Also trank ich am Samstag nicht mit den Asozialen und ging am Sonntagmorgen zum Tennis. Wie peinlich. Sie begrüßten mich überschwänglich, es gab Kaffee und Kuchen und politische Gespräche.

Ich dachte gerade darüber nach, wie müde ich am nächsten Tag in der Schule sein würde, weil ich doch sonntags nie vor 13 Uhr aufstand, als die gegnerische Mannschaft den Court betrat. Sie waren zu viert. Einer trug die Taschen, und zwei weitere trugen den vierten. Ich hatte noch nie zuvor einen so betrunkenen Menschen gesehen.

Mein verunsicherter Körper entspannte sich sofort.

»Na ja«, entschuldigten sie sich, »bei uns war gesdern Beatabend, den hammer vorin erschd aus der Bar kolt.«

Mit einem Grinsen im Gesicht holte ich mir ein Weißbier aus dem Vereinsheim und nahm auf der Tribüne Platz. Gerade hatte ich noch überlegt, wie ich mich am besten verdrücken könnte, jetzt freute ich mich wie ein Schnitzel, was ja auch sieben Bier sind, aufs Spiel.

Wie es der sehr glückliche Zufall so wollte, musste unser leicht beschwipster Freund das erste Spiel bestreiten.

Sie brauchten fünf Minuten, um ihn zu wecken, und weitere fünf Minuten, um ihm klarzumachen, dass er jetzt Tennis spielen sollte. Mir liefen die Tränen runter, als er aufs Feld wankte. Ich rechnete hoch, in wie vielen Tagen er wieder nüchtern wäre, würde er jede Stunde 0,1 Promille verlieren.

Nach dem Einspielen – Schnapsi, wie ich ihn zärtlich nannte, machte nicht die beste Figur – ging es endlich los.

Schnapsi hatte Aufschlag. Gekonnt tippte er den Ball zweimal im Sand auf, warf ihn hoch und drosch wie seinerzeit Goran Ivanišević auf die Filzkugel.

Sicherlich wäre es ein Ass geworden, hätte er den Ball nicht mit dem Rahmen getroffen.

Alle anwesenden Augenpaare minus eins folgten dem Ball gefühlte 19 Meter in den Zeller Morgenhimmel.

Schnapsi blickte dumpf geradeaus und fragte sich, wo wohl der Ball sei, warum alle in die Luft schauten, ob er mit der einen von gestern noch Sex gehabt hatte und ob er gut gewesen war und so weiter.

Dann geschah das Unglaubliche, aber Wahre. Der Ball kehrte von seinem Flug ins All zurück und klatschte tatsächlich ins gegnerische Aufschlagfeld.

Elle, mein Schulfreund und außer donnerstags auch mein Banknachbar, hatte die Zeit genutzt, um gemächlich ans Netz zu laufen und einen Stoppball zu spielen.

Jäh wurde Schnapsi aus seinen Gedanken gerissen.

Ich mach's kurz: Er wollte zum Ball sprinten, rutschte aber schon auf der Grundlinie aus und knallte mit dem Gesicht voran auf den Boden, wo er regungslos liegen blieb und aus der Nase blutete.

Außer mir lachte keiner, und seine Mannschaftskameraden trugen ihn mit den Worten »Okay, 1:0 für euch!« vom Platz.

Ich wusste, dass meine Mitschüler mich nie mehr schwach anreden würden, trank zufrieden mein Weißbier aus und machte mich auf den Weg.

Als ich an den Klos vorbeikam, hörte ich ihn kotzen. Aber ich schwöre euch, noch nie habe ich jemanden so kultiviert kotzen hören.

Tschüss, Schnapsi, es lebe König Fußball!

Ich wollte nie bei einem Bundesliga-Managerspiel mitmachen. Alleine wegen des Zeitaufwands.

Alle, die da teilnehmen, sind die ganze Zeit online, weil sie pausenlos Aufstellungen verändern und auf dem Transfermarkt nach neuen Spielern schauen.

Ich bin schon süchtig nach Facebook und Online-Poker, da kann ich nicht auch noch mit dem Dreck anfangen. Schließlich arbeite ich Vollzeit, schaue mir sehr viele Fußballspiele an, und auch die Familie fordert mich manchmal auf, mit ihnen zu sprechen oder die Spülmaschine auszuräumen.

Dann überredete mich Michi vor dieser Saison doch. Das heißt, er musste mich gar nicht groß überreden, denn das Konzept gefiel mir auf Anhieb. Die Tippgemeinschaft hatte das Managerspiel aus dem *kicker*-Sonderheft modifiziert. Man musste nur einmal elf Spieler auswählen, mit denen man durch die ganze Saison ging. Egal, ob sie nach der Berufung noch schnell ins Ausland verkauft werden oder sich am ersten Spieltag einen doppelten Kreuzbandriss zuziehen. Punkte gab es anhand der *kicker*-Noten, der Scorerpunkte und der gespielten Minuten. Bonuspunkte gab es, wenn man unter dem Budget von 30 Millionen blieb.

Auch der Einsatz von amtlichen 50 Euro machte mich an. Ich hasse es nämlich, wenn man bei Tippspielen lächerliche drei Euro einzahlt und am Ende gehen alle schön essen von dem Geld. Wenn ich essen gehen will, gehe ich essen, wenn ich zocken will, zocke ich. Hier spielten 30 Leute mit, der Sieger sollte 1000 Euro bekommen, der Zweitplatzierte 500 Euro, alle anderen nichts. So muss ein Gewinnspiel meiner Meinung nach aussehen.

Da ich schon immer überzeugt war, dass ich als Manager des HSV das Ruder herumreißen und durch eine geschickte Einkaufspolitik eine meisterschaftstaugliche Mannschaft zusammenstellen könnte, setzte ich mich sofort an den Schreibtisch. Nach vier Stunden stand meine Elf. Gerne hätte ich noch tagelang weitergetüftelt, denn in der Sommerpause gibt es keine schönere Beschäftigung, als eine imaginäre Mannschaft einzukaufen, Marktwerte zu vergleichen, taktische Systeme aufs Papier zu kritzeln und Statistiken zu bemühen. Kurz: sich tierisch auf die neue Saison zu freuen.

Sogar Anna ließ sich anstecken und stellte innerhalb von Minuten ihre eigene Elf auf. Luzie und Tom halfen ihr dabei.

»Du könntest auch einfach in den Garten gehen und die 50 Euro vergraben, das würde mich weniger ärgern!«, sagte ich angesäuert, doch Anna lachte nur.

»Kannst du dich an die letzte WM erinnern?«, fragte sie. »Ich hab dich von den 450 Euro, die ich beim Tippspiel gewonnen habe, in dieses teure Steakhouse eingeladen und dir ein schönes Sharp-Trikot gekauft. Vielleicht können wir dieses Jahr von dem Geld in den Urlaub fahren. Du darfst mitkommen, wenn du dich benimmst.«

»Ja toll, Ergebnisse einer WM zu tippen ist reine Glückssache, hier geht es um Fußball-Sachverstand.«

Anna ignorierte mich und vertiefte sich wieder in den *kicker*.

»Kinder, was meint ihr, Lasogga ist doch ein lustiger Name?«

Als ich ihnen noch sagte, dass sein Spitzname Lasagne ist, war es um die drei geschehen.

»Lasagne, Lasagne!«, skandierten die Kinder, während Anna den Namen aufschrieb.

Mir konnte es recht sein, schließlich war Lasogga nach einer schweren Knieverletzung selbst bei einem Verein wie Hertha nur noch Stürmer Nummer vier. Keiner konnte zu dem Zeitpunkt wissen, dass er zum HSV wechseln und sogar Tore schießen würde.

Ich dagegen kaufte ein paar ungeschliffene Diamanten ein, die ich schon seit geraumer Zeit für den HSV im Auge hatte.

Jens Hegeler, Kevin Vogt und Jannik Vestergaard zum Beispiel, dazu sichere Bänke wie René Adler, Mats Hummels oder Ilkay Gündoğan. Die haben zwar ein paar Euro gekostet, würden aber am Ende den Unterschied ausmachen.

So hatte ich es mir jedenfalls ausgemalt.

Inzwischen, kurz vor der Winterpause, rechne ich meine Punkte gar nicht mehr aus. Es würde zwar nicht lange dauern, aber mir ist die Lust vergangen.

Wie hätte ich wissen sollen, dass Adler das Niveau seiner Abwehr annimmt und keinen schwierigen Ball mehr hält, und Gündoğan die gesamte Vorrunde ausfällt? Dass Kevin Vogt nie von Beginn an spielen darf und Hegeler einfach sein Potenzial nicht abruft? Dass Hummels anfangs seine Form nicht findet und sich dann verletzt?

Ich muss mittlerweile meine Meinung revidieren. Auch ein Managerspiel hat nichts mit Fußballwissen und Genialität zu tun, es ist pures Glück.

Es sagt ja wohl alles, dass Anna Punktbeste ist. Sie führt mit so großem Abstand, dass sie schon nach 15 Spielen kaum mehr einzuholen ist.

Mit folgender Mannschaft:

Tor: ter Stegen
Abwehr: Rüdiger, Abraham, Lahm
Mittelfeld: Van der Vaart, Çalhanoğlu, Hahn, Sam, Can
Sturm: Lasogga, Beister

Die HSV-Spieler hat sie genommen, um sie mir wegzuschnappen und mich zu ärgern. Sie war ja viel früher fertig und wusste nur zu gut, dass ich mir niemals die Blöße geben würde, einen ihrer Spieler ebenfalls aufzustellen.

Gut, van der Vaart hätte ich sowieso nicht genommen, und Beister habe ich eine so gute Saison nicht zugetraut, aber Çalhanoğlu hätte ich schon lieber auf meinem Tippschein gesehen.

Na ja, vielleicht ist es besser so. Wenn ich ihn in der Mannschaft hätte, wäre er sicher schon Sportinvalide oder wäre aus disziplinarischen Gründen aus dem Kader geflogen.

Sidney Sam hatte sie ausgewählt, weil sie Australien-Fan ist, dazu wollten die Kinder Lahm, Hahn und Can, weil sich das so schön auf Sam reimt.

Schreiend rannten sie durch das Haus: »Hahnsamcanlahm, Hahnsamcanlahm, Hahnsamcanlahm!«

Sie plärrten es so oft, dass ich es jetzt auch immer vor mich hin murmle, wenn einer der vier im Fernsehen genannt wird.

Die Tatsache, dass ein farbiger Spieler Rüdiger heißt, belustigte Anna so sehr, dass er prompt für die Abwehr nominiert wurde. Abraham als sein Nebenmann war die logische Konsequenz. Auch das war ein Vorname und würde sich zur Not noch auf Hahnsamcanlahm reimen.

Keine Ahnung, warum sie ter Stegen genommen hat, vermutlich aufgrund seines Sternzeichens. Sie war in dem Fall doch so vernünftig, nicht auf die Kinder zu hören. Luzie wollte unbedingt Hannovers dritten Torwart Fuhry haben, weil er so heißt wie ihr Lieblingspferd. Aber ich werde dessen Werdegang auf jeden Fall verfolgen. Es würde mich nicht wundern, wenn er in fünf Jahren Welttorhüter wäre.

Das Absurdeste überhaupt ist, dass gerade die HSV-Spieler einen Großteil ihrer Punkte geholt haben.

»Warum regst du dich auf?«, fragt Anna. »Ich hab doch erst 357 Punkte, und du hast immerhin 68, in der Rückrunde ist noch einiges für dich drin. Lass erst mal die Dortmunder wieder gesund werden und den Adler ein, zwei Bälle halten, dann wird das schon!«

Als hochsensiblem Menschen tut es mir einfach weh, wenn jemand eine solche Situation ausnutzt und sich über meinen Fußball-Sachverstand lustig macht. Zumal es der einzige Sachverstand ist, den ich habe. Den ich glaubte zu haben. Und es tut noch mehr weh, wenn ich mir eingestehen muss, dass meine Frau tatsächlich eine sehr gute Truppe zusammengestellt hat. Egal, wie sie entstanden ist.

Einige im Freundeskreis denken sicher, ich hätte ihr geholfen. Dann werde ich schweigen. Stimmt ja auch irgendwie. Çalhanoğlu hat sie nur gewählt, weil ich oft »Schalalanoglu!« durch die Gegend geplärrt habe, und van der Vaart nur deshalb, weil ich ihn seit der Sache mit dem Valencia-Trikot nicht mehr mag und er ihr leidtut.

Trotzdem nimmt mich das Ganze sehr mit.

Deshalb bin ich vorhin in den Garten gegangen und habe einen 50-Euro-Schein vergraben. Aus Protest!

NIEDERLAGE AND DESTROY

Letztes Wochenende hat der HSV durch drei äußerst skurrile Torwartfehler 3:0 in Freiburg gewonnen. Ein Sieg heute, und wir wären wieder oben dran gewesen. Leider haben wir durch zwei kapitale Abwehrfehler zu Hause 0:2 verloren. Ich wusste es schon vorher.

Der HSV verliert jedes wichtige Spiel.

Trotzdem schüttle ich seitdem den Kopf und sage immerzu: »Das gibt's doch nicht!«.

Dazu weine ich viel und schreie meine Mitmenschen an.

Seit wenigen Minuten geht es mir jedoch etwas besser.

Das gibt's nämlich wirklich nicht, es fiel mir wie Rauten von den Augen. Ich weiß jetzt, dass ich in einer Art Computerspiel mitwirke.

Es heißt »Destroy-the-fucking-HSV« und wurde so ungefähr im Mai 1987 entwickelt. Von einem Werder- und einem St.-Pauli-Fan. In einer Parallelwelt. Ich bin quasi ein Truman im HSV-Trikot.

Das gleiche Spiel gibt es wahrscheinlich noch in den Ausgaben »Der Club is a Depp!« und »Lustige Löwenjagd«.

Die neueste HSV-Version im Handel ist die 26.0.

Endlich weiß ich, wie dumm ich war. Wie konnte ich das alles glauben, was seit dem Pokalsieg '87 passiert ist? Dass der HSV ein Jahr später, also nur fünf Jahre nach dem Triumph von Athen, auf einmal mit Spielern wie Mladen Pralija, Thomas Hinz und Tobias Homp auflief und das mit rechten Dingen zugehen sollte?

Dann wurde Karsten Bäron Sportinvalide. Das war einfach die Laune eines Programmierers.

Wie konnte ich glauben, dass der HSV wirklich wegen einer Papierkugel aus dem Europapokal geflogen ist? Wegen einer Papierkugel ausgeschieden gegen Werder Bremen. Nach einem Auswärtssieg in Bremen im Hinspiel!

Das ist so absurd, und ich habe es über vier Jahre lang geglaubt.

Mit Dietmar Beiersdorfer als Sportchef lief es zeitweise ganz gut. Er kaufte zum Beispiel den jungen, noch sympathischen van der Vaart, Vincent Kompany und Nigel de Jong für ein Butterbrot. Für alle zusammen gab es später 44 Millionen. Vielleicht hatten die Spielentwickler kurzzeitig keine Lust. Es war eine schöne Zeit. Bei den HSV-Fans keimte Hoffnung auf, doch dann wurde Beiersdorfer entlassen, und die 44 Millionen verschwanden auch auf dubiosen Wegen.

Ich kann mir lebhaft vorstellen, wie die Brainstormings der Programmierer früher aussahen.

»Ey, Alter, wir müssen noch die neue Version von ›Destroy-the-fucking-HSV‹ fertigmachen. Hast du Ideen?«

»Ja klar, Heimniederlagen gegen Hertha, Nürnberg und Hoffenheim. Oder fällt dir was Schlimmeres ein?«

»Ja, ich weiß noch was: Die besten Spieler der Hinrunde könnten sich verletzen. Nehmen wir einfach Zé Roberto, Jansen und Elia. Elia lassen wir einfach nur drei gute Spiele machen und dann nix mehr. Irgendwann soll er nach Bremen wechseln und einen Hattrick gegen Hamburg machen. Vielleicht kann er sich zum Jubeln vor die Nordkurve stellen. Aber diese Saison lassen wir den Guerrero in den ersten vier Spielen viermal knipsen und peng – Kreuzbandriss! Und jetzt kommt's: In der Winterpause, wenn er wieder fit ist, kann er aus Peru nicht mehr zurückkommen, weil er plötzlich Flugangst hat. Sobald er Wochen später endlich wieder da ist, könnte er nach einem grottenschlechten 0:0 zu Hause – sagen wir gegen Hannover – einem eigenen Fan eine Flasche ans Hirn knallen und bis zum Saisonende gesperrt werden!«

»Ja«, sagt der andere, »das ist wirklich saulustig, aber wir müssen aufpassen, dass das Ganze nicht zu unrealistisch wird.«

»Ach was, die HSV-Fans wundern sich über gar nichts mehr. Weißt du noch damals, als wir den Olić in der Form seines Lebens ablösefrei nach München verscherbelt haben? Die haben geglaubt, der Hoffmann wäre einfach so blöd!«

»Ja, Wahnsinn! Aber manchmal tun mir diese Kreaturen auch leid. Der Keidel, weißt schon, der beknackte HSV-Fan aus Würzburg, der in München lebt, dem geb ich maximal noch zwei Jahre, dann zieht der weg. Der Hammer, wie sie den verarschen!«

»Ist doch egal, der Typ. Was machen wir sonst noch mit dem HSV?«

»Hm, wie gesagt Herbstmeister und am Ende vielleicht Zwölfter?«

»Ja, super. Europäisch sind sie nicht dabei, also müssen sie ins DFB-Pokal-Halbfinale.«

»Sehr gut. Lassen wir sie im Elfmeterschießen ausscheiden?«

»Nee, lieber durch einen unberechtigten Handelfmeter in der Nachspielzeit.«

»Gegen Werder?«

»Nein, lieber gegen St. Pauli. Daheim.«

»Au ja, und St. Pauli kommt gleichzeitig sensationellerweise in die Champions League.«

»Mensch, Alter, du sprühst ja vor Ideen! Und wir verkaufen kurz vor der Saison und in der Winterpause wieder die besten Spieler?«

»Eh klar, alle an die Bayern. Aber jetzt hab ich noch mein Meisterstück ...«

»Los, sag!«

»Wir entlassen als Herbstmeister trotzdem den Trainer und holen Lothar Matthäus. Der dann aber gehen muss, weil er mit der 18-jährigen Tochter vom Masseur was anfängt.«

Jawoll, so in etwa wird das nächste Jahr laufen, aber in ein paar Jahren, da bin ich ganz sicher, werden wir wieder mal in die CL kommen. Wir werden bis ins Finale gegen die Bayern marschieren, das im Weserstadion stattfindet.

Beim HSV werden nur Spieler aus der eigenen Jugend spielen. Spieler, die jetzt noch kaum einer kennt. Jungs aus der Region, die früher in der Kurve standen und nie den Verein wechseln würden. Geld ist ihnen nicht wichtig.

Und die Jungs werden die Bayern schwindlig spielen, in der 80. Minute 4:0 führen und Fußball von einem anderen Stern zelebrieren.

Wie alle anderen HSV-Fans werde ich den Totalzusammenbruch der Mannschaft erwarten. Bayern wird tatsächlich wie aus dem Nichts auf 3:4 verkürzen, doch in der fünften Minute der Nachspielzeit wird Kapitän Maxi Beister durch einen satten 45-Meter-Schuss in den Winkel das Ding entscheiden.

Nach dem Schlusspfiff werde ich mit Tränen in den Augen dastehen und mich auf die Feier auf dem Kiez freuen. Ich werde dem Fußballgott danken und zum Himmel blicken.

Und ich werde dort einen immens großen Mittelfinger sehen. Einen Mittelfinger, der kurz darauf Platz macht für den noch viel größeren Meteoriten ...

KARWOCHE

Zuckerschnute«, sage ich, »das größte Geschenk deines Lebens war sicherlich, dass du mit mir zusammengekommen bist. Auch im Alltag lese ich dir jeden materiellen und ideellen Wunsch von den Augen ab. Aber du hast morgen Geburtstag, womit kann ich dir eine Freude machen?«

»Ich hatte gehofft, dass du das fragen würdest«, meint Anna, »ich habe auch schon eine Antwort vorbereitet.« Sie schaut mich herausfordernd an. »Ich wünsche mir, dass du eine Woche lang keine Sekunde Fußball anschaust. Kein Fernsehen, kein *Kicker*, keine *11 Freunde*. Wenn Kinder auf dem Bolzplatz spielen und du vorbeigehst, siehst du weg. Selbst spielen ist natürlich auch nicht drin, und ich möchte, dass du in dieser Zeit keinen Alkohol trinkst. Wenn du Langeweile hast, können wir mal was zusammen unternehmen wie ins Theater gehen oder Sex haben.«

»Ab wann?«

»Ab morgen.«

Glücklicherweise ist heute Sonntag, da kann ich noch ein bisschen was mitnehmen, mich sozusagen vom Sky-Decoder verabschieden. Um 13 Uhr Zweitliga-Konferenz, um 15 Uhr selbst zum Kicken gehen, um 17:30 Uhr spielt der kommende Meister HSV gegen Gladbach, um 19:30 Uhr Everton gegen Liverpool und zum Abschluss der Live-Spiele Lazio gegen AS Rom. Danach noch ein Stündchen Zusammenfassungen, und um Mitternacht stellt sich die Frage, ob jetzt schon morgen ist und ob American Football Fußball ist.

Aber ich schalte lieber pünktlich um Mitternacht ab, gratuliere zum Geburtstag und gehe ins Bett. Ich brauche viel Kraft für die nächste Woche.

MONTAG

Ekelhaft, diese S-Bahn-Zeitungsleser. Wie abgesprochen lesen sie alle genüsslich den SZ-Sportteil und halten die Zeitung absichtlich so, dass ich nichts entziffern kann.

Na gut, dann entspanne ich halt, schaue mir die schöne Landschaft an und denke an große Spiele des HSV. Von Denken hat sie nichts gesagt.

Zwei Minuten später habe ich wieder Langeweile und rufe Anna an.

»Du Armer«, sagt sie, »lass uns heute Abend ins Kino gehen.«

»Ins ›Wunder von Bern‹?«, schlage ich vor. »Ist ein Schweizer Liebesfilm.«

»Vergiss es«, sagt sie, »bis später.«

DIENSTAG

Komisch, ich wache auf und denke an die Champions League.

Achtelfinal-Rückspiele am Abend. Wird bestimmt langweilig. Arsenal gegen Bayern, wer will das schon sehen.

Da gehe ich doch lieber mit Anna spazieren, und danach kochen wir schön zusammen. Vielleicht was mit lecker Gemüse und dazu 'ne Saftschorle.

Ich denke an die Leute, die das jeden Abend machen, während ich das Backgammon-Spiel aus dem Schrank hole.

MITTWOCH

Ich versuche aus Gesprächen Fremder zu erfahren, wie die Spiele am Vorabend ausgegangen sind. Von der S-Bahn bis zum Hugendubel kicke ich Steinchen und Papierkugeln vor mir her.

Dort angekommen frage ich, ob ich heute in der Sportabteilung arbeiten darf. Aber keiner will Fußball-Bücher kaufen. Was haben die Leute heutzutage bloß für Hobbys? Inlineskaten, Tanzen, Nordic Walking und Tai-Chi. Sogar für Volleyball, Langlauf klassisch und Billard interessieren sie sich. Sie schämen sich nicht einmal.

Frustriert rufe ich Anna an. Sie hat sich für heute Abend was ganz Besonderes ausgedacht. Wir machen nach der Arbeit ein Picknick im Wohnzimmer und hören uns ein schönes Hörbuch an.

»Und danach schauen wir mal«, sagt sie schelmisch.

Ich persönlich glaube nicht, dass da was geht, wenn ich weiß, dass zeitgleich Dortmund gegen Barcelona läuft.

Aber sie gibt sich Mühe.

DONNERSTAG

»Anna-Maus«, säusle ich, »heute spielt meine Truppe, die Alten Herren des SC Laim. Das zählt doch nicht als Fußball, oder?«

»Nein«, antwortet sie, »das ist sicher kein Fußball, was ihr da abliefert. Aber wenn dein Mannschaftskamerad Dingo mit dir spricht und dich dabei anhaucht, dann zählt das als Alkohol. Du gehst da nicht hin!«

Zum Glück ist der HSV schon lange nicht mehr in der Europa League vertreten. Auf Hannover gegen Sevilla kann ich gerade noch verzichten.

FREITAG

Als ich die Augen aufmache, sehe ich zwei Bälle. Ein bisschen kleiner als Fußbälle, aber egal.

Spontan denke ich mir einige neue Freistoßtricks aus, die Anna aber nicht mit mir einstudieren will.

Dass mir der Alkohol fehlt, möchte ich nicht sagen. Das Zittern meiner Hände liegt sicher an der Erkältung, die sich andeutet. Nach der großen Flasche Wick MediNait geht's auch gleich besser.

Im Fernsehen läuft Zweite Liga. Ich bin HSV-Fan, Zweite Liga ist nichts für mich.

Aber ich muss schon an morgen denken. Der HSV spielt bei den Bayern.

Pausenlos bekomme ich SMS, ob ich mit ins Stadion komme. Ich antworte, ich wolle mir so ein Spiel mal von der Haupttribüne anschauen. Was Besseres fällt mir nicht ein.

Sie beschimpfen mich als Sitzplatzschwein und Promiluder, aber die Wahrheit kann ich nicht preisgeben. Ich würde mich sozial isolieren.

SAMSTAG

»Anna, der Tag gehört dir, ich hab nix vor.«

Ihre Augen leuchten: »Au ja, Einkaufsbummel im OEZ!«

Drei Stunden später haben wir circa 95 Prozent der H&M-

Artikel angeschaut, aber sie hat noch nicht alle Kombinationen durchprobiert.

Mir ist alles egal, apathisch bringe ich ihr noch einen Pulli, da noch eine Bluse.

Ich bin nicht mehr ich selbst, so hat sie mich doch nicht kennengelernt. So einen willenlosen Idioten kann sie unmöglich lieben.

Doch sie findet mich total süß und küsst mich, als ich mich entschuldige, weil ich in einem Schaufenster aus dem Augenwinkel versehentlich ein Fußballtrikot erblickt habe.

»Schon okay«, sagt sie, »willst du es mal anprobieren?«

Ich bin kurz davor, ja zu sagen, obwohl es ein Löwen-Trikot ist. So weit ist es schon gekommen. Ich bin am Ende, was ist mein Leben schon noch wert?

SONNTAG

Normalerweise ist sonntags die erste Stimme, die ich höre, die von Jörg Wontorra vom Doppelpass-Stammtisch. Ich habe aber absichtlich lange geschlafen. Wenn ich schlafe, fehlt mir auch nichts.

Anna weckt mich mit frischem Kaffee und selbstgebackenem Kuchen. Obendrauf ist die HSV-Raute.

Was ist los?

Nach dem Frühstück gibt sie mir meine gepackte Fußballtasche in die Hand mit den Worten: »Du musst dich beeilen, die warten sicher schon auf ihren Goalgetter.«

»Heute ist erst Sonntag«, werfe ich ein, »der gehört noch zur Woche. Wir haben Montag angefangen, und Montag bis Sonntag ...«

»Jaja, schon gut«, unterbricht sie mich zärtlich, »ich hab dich lieb.«

Als ich heimkomme, ist Sky schon eingeschaltet, und sie hat den Kühlschrank neben das Sofa geschoben. Ich schaue hinein, lauter süße kleine Holsten. Sie steht in der Küche und macht Schnittchen.

Zudem hat sie noch ein paar Fußballkumpels von mir eingeladen.

»Danach fahr ich euch noch in die Kneipe«, sagt sie.

Meine Freunde blicken mich neidisch an.

Zur Sperrstunde holt sie uns wieder ab.

Ich denke, die mit Abstand beste Frau der Welt zu haben, während ich mich glücklich ins Bett fallen lasse.

Dann sagt Anna: »Volker, du weißt doch sicher, dass ich morgen Namenstag habe ...«

PIPPI

Als Einzelhändler freut man sich, wenn man an einem Samstag frei hat. Noch mehr freut man sich, wenn der HSV an dem Tag spielt und man mit Murphy ausgemacht hat, sich schon um 13 Uhr im Augustiner zu treffen und sich einen Schweinebraten sowie zwei, drei Bier reinzupfeifen, bevor man ins »Barschwein« geht, wo es den HSV live und in Farbe gibt.

Am meisten freute ich mich aber, dass der HSV durch einen Sieg auf den vierten Platz springen konnte.

Deshalb wallte ein unbeschreibliches Glücksgefühl in mir auf, als ich mein HSV-Trikot überstreifte. Zur Feier des Tages wählte ich mein schönstes Trikot, ein pinkfarbenes Europapokaltrikot aus der verrückten Krohn-Ära. Auch wenn es etwas spannte.

Ich steckte 100 Euro in die Hosentasche, dazu die EC-Karte, falls wir gewinnen würden. Für ein Portemonnaie hatte ich keinen Platz in der Hose, schließlich musste ich auch noch zwei kleine Holsten für die S-Bahn-Fahrt einstecken.

In meiner Hose schaut es mit Platz generell schlecht aus. Besonders wenn ich mich so freue.

Also machte ich mir gleich eins der Biere auf, während ich meine Schuhe band.

»Muss das sein?«, fragte Anna, als sie die Treppe hinunterkam. »Willst du wirklich mit einer Fahne zu Luzies Aufführung?«

Ich verstand nur Bahnhof.

»Ich verstehe nur Bahnhof! Welche Aufführung?«

»Na, Luzie hat heute im Kindergarten ihren großen Auftritt als Pippi Langstrumpf. Sag bloß, du hast es vergessen! Warum glaubst du, trägt Luzie seit heute Morgen zwei seitlich abstehende Zöpfe und hat ein gelb-grünes Kleid und viel zu große Schuhe an?«

»Weil sie ein Kind ist?!«, vermutete ich. »Ich gehe jedenfalls mit Murphy ins ›Barschwein‹. Oder warum glaubst du, trage ich seit heute Morgen ein HSV-Trikot?«

»Weil du an jedem freien Tag ein HSV-Trikot trägst?!«

»Ja, das stimmt, aber das pinkfarbene ziehe ich nur zu besonderen Anlässen an. Das würdest du wissen, wenn du dich ein wenig für meine Hobbys interessieren würdest.« Das hatte gesessen.

»Deine Hobbys sind Biertrinken und der HSV, für jedes Hobby mit einem Tick mehr Niveau würde ich mich interessieren.«

»Mist, und ich hab damals noch überlegt, ob ich mich für den HSV oder für das Imkern entscheide.«

»Ja, schade Honey«, sagte die wortwitzige Anna, »jedenfalls kannst du das Luzie nicht antun.«

»Anna«, motzte ich, »das ist emotionale Erpressung. Ich hätte heute arbeiten müssen und habe meine Schicht extra für dieses Spiel getauscht.«

»Luzie denkt aber, du hättest getauscht, weil du ihr zuschauen willst. Sie freut sich so darauf.«

In diesem Moment betrat Luzie, ein dreifaches Wittewittewitt singend, die Szene. Sie machte große Augen, als sie mein Trikot sah.

»Papa, gehen wir schon? Hast du dich auch verkleidet?«

»Wann ist das denn, dein Pippi-Zeugs?« Ich hoffte, es

127

würde um 13 Uhr beginnen, dann hätte ich es noch zum Anpfiff schaffen können.

Anna musste lachen. »Blöderweise um halb vier.«

Na super, wahrscheinlich haben alle Frauen zusammen
entschieden, dass ein Samstag um 15:30 Uhr ein Spitzenzeit-
punkt für ein kleines Theaterstück wäre.

»Und lass mich raten«, sagte ich, etwas echauffiert, »es
dauert circa bis 17:15 Uhr? Vergiss es, ich muss jetzt zur
S-Bahn.«

Ich hatte es kaum ausgesprochen, da heulte Luzie los.

»Nein, Papa!«, schrie sie, »bitte nicht!«

Dabei hängte sie sich an mein Hosenbein.

»Ach Luzie, sei nicht so, Papa bringt dir was mit. Wie wär's
mit … Kronkorken?«

»Nein«, schluchzte sie, »ich kann mir jeden Morgen Kronkorken aus deiner Hosentasche holen. Mama sagt, die sam-
melst du immer, damit du am Morgen nachzählen kannst, wie
viel Bier du getrunken hast.«

Ich nahm sie in den Arm und tröstete sie, um schneller
wegzukommen.

Luzie schaute mich mit flehend an, presste noch eine dicke
Träne hervor und sprach: »Bitte Papa, es würde mir viel be-
deuten, wenn du mitkommst.«

Auf diesen Satz konnte sie unmöglich alleine gekommen
sein. Ich wähnte mich in einem Komplott, kapitulierte aber.

Ich schrieb Murphy eine SMS, dass ich doch noch arbeiten
müsste, und stellte das zweite Bier zurück in den Kühlschrank.

Drei Stunden später nahm ich die Flasche zusammen mit
den restlichen vier Kumpels aus dem Sixpack wieder heraus
und packte sie in einen Rucksack.

Wenn ich zu allem Übel auch noch lauwarme Apfelschorle

in der Kindergartenturnhalle trinken müsste, könnte ich für nichts garantieren.

Vor der Abfahrt bestellte ich bei Klafke einen SMS-Service, und es konnte losgehen.

Mann, war ich aufgeregt. Ein Theaterstück samstags zur Primetime, wie schön!

Und dann auch noch Pippi Langstrumpf, Wahnsinn!

Alle Mütter waren total außer sich und redeten ohne Unterlass. Selbst einige Väter schienen voll konzentriert auf die eigenen Kinder. Ist ja auch nicht verwerflich, aber hallo, gleich würde der HSV spielen. Der große HSV!

Kaum war der Vorhang gefallen, vibrierte es in meiner Hose.

0:1 nach Fehler von Adler. Zum Kotzen!

Das Ploppen meiner Bierflasche löste bei einigen Kopfschütteln aus, aber Pippi Langstrumpf gefällt mir noch besser, wenn ich dazu Bier trinke.

Luzie rief selbstverständlich eine Weltklasseleistung ab, zumindest in den Sequenzen, die ich sah. Meistens drückte ich hektisch auf meinem Handy herum, aber das 1:1 wollte einfach nicht fallen.

Das Stück hatte zwei Akte, und Halbzeit war tatsächlich um 16:15 Uhr, ich glaubte immer mehr an eine Verschwörung. Die wollten mich doch veräppeln. Wenigstens trank mein Nachbar Hufy ein Bier mit mir.

Pünktlich zum zweiten Akt saß ich wieder auf der harten Turnhallenbank und feuerte die Kleinen an. Leider nur kurz, dann widmete ich mich wieder meinem Display. Die armen Kinder! Sie gaben sich echt viel Mühe, waren aber von den Organisatoren so verkauft worden. An jedem anderen Tag hätte ich ihnen zugehört.

In der 60. Minute, just als Luzie zum ersten Mal Tiki-Taka-Land (oder wie das heißt) betrat, fiel das 1:1 durch Beister.

»Ja!«, schrie ich durch die Turnhalle und schob, als mich alle entgeistert anstierten, ein »sehr gut interpretiert, Luzie!« hinterher.

Anna schaute demonstrativ in eine andere Richtung.

Jetzt konnte ich mich überhaupt nicht mehr konzentrieren und rutschte nur noch nervös auf meinem Platz hin und her.

In den letzten zehn Minuten hielt ich es nicht mehr aus. Ich murmelte wahrheitsgemäß etwas von Übelkeit und lief Richtung Ausgang. Ich wählte gerade Murphys Nummer, um die Schlussphase live am Handy mitzubekommen, als ich aus der Puppenecke der Bärengruppe einen Ruf hörte.

»Hey Volker, hast du noch Bier?«, fragte Hufy.

So ein guter Typ, dachte ich, öffnete meinen Rucksack, brachte ihm ein Bier und sah dann, dass er ein iPad vor sich liegen hatte und die Bundesliga-Konferenz schaute.

»Spinnst du?«, wollte ich wissen. »In der Turnhalle befreit meine Tochter gerade deinen Sohn aus dem Gefängnis, und du schaust hier Fußball. Schäm dich!«

Lachend ließ ich mich neben ihn fallen.

»Ja«, erklärte er, »er hat dafür vollstes Verständnis und würde auch lieber mitschauen.«

»Gut«, sagte ich, »wenn du das kannst! Meine Tochter ist sensibler, da käme ich gar nicht auf die Idee, sie so im Stich zu lassen. Wie steht's beim HSV?«

»Immer noch 1:1, aber die Bayern führen schon wieder 6:1!«

Dann hielt ich meinen Mund und schaute abwechselnd auf das iPad und mein Telefon, aber nichts passierte.

Um 17:17 Uhr dann der Ruf aus dem Tablet: »Tor in Hamburg!«

Ich biss in eine Stoffpuppe und zitterte vor Aufregung. Selten habe ich in einer Situation mehr Adrenalin im Blut als bei diesem Satz. Fast immer ist es dann auch so, dass der Gegner getroffen hat.

Ich versuchte es mit Telepathie und konzentrierte mich unglaublich stark auf jubelnde Spieler in weißen Trikots. Als nach Hamburg geschaltet wurde, sah ich tatsächlich einen weißen Haufen, bestehend aus HSV-Spielern. Noch vor dem Anstoß des Gegners pfiff der Schiri das Spiel ab.

Ich war zu überwältigt, um laut jubeln zu können, und ging überglücklich zurück in die Halle.

Auch das Stück war zu Ende.

Ich stellte mich neben Anna und spendete Standing Ovations. Aber auch zu Recht, es war ein Irrsinn, was die heute geleistet hatten.

Wir waren schließlich Vierter!

PIPPO

Immer wenn wir Probleme finanzieller Natur haben, also spätestens zur Monatsmitte, kommt mein Lotto-Abo zur Sprache.

Und immer wieder muss ich das Abo wie ein Löwenjunges verteidigen, denn in all den Jahren hab ich meine sieben Systemzahlen liebgewonnen. Nicht dass sie mir jemals mehr als 80 Euro eingebracht hätten, aber ich habe sie als verliebter Sechzehnjähriger ausgewählt.

Meine Glückszahlen:

Anjas Geburtstag, mein Geburtstag, deren Quersumme, unser gemeinsamer Geburtsmonat, die 25, weil wir mit 25 heiraten wollten. Dazu die 5 und die 9, weil meine Lieblingspositionen Libero und Mittelstürmer sind.

»Scheißzahlen!«, sagt Anna dann jedes Mal. »Alle unter 30, jeder Depp tippt Geburtstage. Wenn du einen Sechser hast, kriegst du mit viel Glück 100 000 Euro.«

Oft denke ich, dass Anna recht hat, zumal Anja, die treulose Tomate, einen guten Freund von mir geheiratet hat.

»Geburtstage ja«, antworte ich dann, »aber wessen Lieblingspositionen sind schon Libero und Mittelstürmer?«

Gut, das ist kein besonders tolles Argument, aber ich darf doch immer weiterspielen, weil ich Anna mit Suizid drohe, falls die Zahlen fallen würden und ich nicht gespielt hätte. Selbst wenn es nur 100 000 Euro wären.

Egal, dieser Reibungspunkt ist jetzt eh hinfällig, denn ich habe letzten Samstag gespielt, und dann fiel die erste Zahl und dann die zweite und dann die dritte, und bei der vierten fing ich an zu schwitzen. Danach erkannte ich die 9 auf dem Drahtgestell, und ich nahm einen Schluck Bier.

»Jetzt noch der Libero, und ich bin ein freier Mann!«, schrie ich völlig losgelöst und war stolz, auch noch im Moment völliger Ekstase solch ein Wortspiel hervorgezaubert zu haben.

Und dann ... fiel ... die ... 5 ... und ... ich ... um. Als ich die Superzahl auch noch richtig hatte, rief ich Anja an, um ihr zu sagen, dass sie das nun davon hätte.

Kurz darauf wählte ich sicherheitshalber die Nummer meiner Chefin. Am Montag würde ich meine Kündigung wahrscheinlich nicht mehr artikulieren können. Außerdem wollte ich Rückgrat beweisen, denn mein Leben lang habe ich gepredigt, dass ich nichts mit Leuten zu tun haben wolle, die nach einem Sechser im Lotto weiterarbeiten.

Allerdings hatte ich dann doch etwas Angst, bis die Quoten da waren. Relativ unbegründet, denn seit Mittwoch habe ich 18 Millionen auf dem Konto. Ich musste nicht lange überlegen, was ich mit dem ganzen Schotter machen soll. Das wusste ich schon als Sechzehnjähriger.

Ich habe mir, wie es jeder Mann tun würde, mein Traumauto gekauft. Jedoch nicht einen prolligen Ferrari wie der gewöhnliche Mann, sondern einen Citroën DS. Ihr wisst schon, wie Fantômas ihn fährt. Hat satte 18 000 Euro verschlungen.

Zehn Millionen habe ich angelegt. Auf dem Tagesgeldkonto. Eventuell ist das nicht die beste Geldanlage, aber ich will mir vor allem keine Gedanken machen über günstige Immobilien und Aktienkurse und Bauherrenmodelle, ich will nur leben. Ich habe es nicht genau ausgerechnet, aber das müsste eine Weile reichen, wenn wir pro Monat nicht mehr als 20 000 Euro ausgeben.

Bleiben noch fast acht Millionen. Und jetzt kommt's, haltet euch fest: Ich stehe in Verhandlungen mit dem Manager von Pippo Inzaghi. Es soll sein letzter großer Vertrag werden. Ja, ich möchte Inzaghi kaufen. Nein, nicht für den HSV, Gott bewahre. Sondern für mich. Für zu Hause. Quasi als Praktikant.

Wenn ich Lust auf Kaffee habe, soll Pippo in die Küche huschen und mir eine Latte Macchiato aufschäumen. Wenn mir das Fernsehprogramm nicht gefällt, wird er für mich die Kanäle durchzappen. Beim Italiener soll er meine Pizza bestellen und für den Urlaub in den Abruzzen die beste Route raussuchen. Und sollten wir mal mit den 20 000 Euro im Monat nicht hinkommen, kann sich Inzaghi an unübersichtlichen Rechts-vor-links-Kreuzungen vor Autos werfen und anfangen zu weinen. Ich werde ihn gut versichern.

»Was ist, wenn Milan mich reaktivieren will?«, fragte er sofort. »Ich will noch einmal Champions League spielen.«

»Das wird wohl nix«, erklärte ich ihm, »du wirst für ein Jahr unterschreiben, ohne Ausstiegsklausel. Aber du kannst die Champions League im Fernsehen anschauen. Ich habe mir Sky zurückgeholt, und ab und zu bezahle ich dir den Flug nach Mailand. Außerdem werden wir viel Zeit auf dem Fußballplatz verbringen. Da darfst du den Ball an der Eckfahne abschirmen, und andere Spieler müssen versuchen, dein Zeitspiel zu unterbinden. Norbert Siegmann, Bernd Hollerbach und Tomasz Hajto haben schon zugesagt. An Goigoetxea und Roy Keane bin ich dran.«

Richtig überzeugt habe ich ihn wohl nicht, aber bei acht Millionen für ein Jahr wird der alte Mann sicher zusagen. Wenn nicht, gehe ich halt ans Tagesgeld.

Noch eins, weil es Verbrecher nicht nur im Fußball gibt und manch einer eventuell an meine Entführung denkt:

Diese Geschichte ist frei erfunden und zugegebenerweise eine etwas umständliche und hölzerne Art, um auszudrücken, wie sehr ich dich verabscheue, Filippo Inzaghi.

EINE NUMMER ZU GROSS

Ich sah Meikel das erste Mal bei einem Bezirksligaspiel des ASV Rimpar. Ich war elf Jahre alt, und Meikel kam gerade mit 18 aus der A-Jugend und schaffte sofort den Sprung in die erste Mannschaft. Die Bezirksliga war damals die fünfte Liga und noch richtig was wert. Er spielte extrem gut Fußball, trug allerdings einen Schnauzer.

Die durch seinen Schnauzbart generierte Mittelmäßigkeit seines Gesichts beruhigte mich ein wenig, als er etwa 15 Jahre später beim VfR Burggrumbach unser Spielertrainer wurde. Denn es regte mich brutal auf, dass er so gut kicken konnte und zudem alle in Grund und Boden lief, obwohl er schon auf die 35 zuging. Er hatte in Rimpar 15 Jahre lang Bezirksliga und sogar Landesliga gespielt, was sich jetzt auszahlte. Man konnte ihn als für die C-Klasse überqualifiziert bezeichnen.

Arroganz ist kein Wort, welches man irgendwie mit Meikel in Verbindung bringen könnte, aber seine Überlegenheit mutete so an. Er war technisch und vor allem läuferisch so stark, dass er Spiele alleine gewann.

Musste er auch, denn von Gurken wie mir war wenig bis nichts zu erwarten.

Ich erinnere mich nur zu gut an den Tag, als er uns in letzter Sekunde ins Hallen-Bezirksfinale schoss. Er überlegte sich in aussichtsreicher Position kurz, ob er mit mir einen Doppelpass spielen sollte, hörte dann aber auf seinen Verstand. Also schoss er mich lieber an, um den zurückprallenden Ball technisch perfekt per Dropkick zu versenken.

Klar, ich freute mich schon über den Turniersieg, aber mit Würde hatte das nichts zu tun. Andererseits: Was hat Würde mit mir zu tun? Außerdem musste ich mir nur seinen Schnauzer anschauen, um mir wieder ins Gedächtnis zu rufen, dass Fußball nicht alles ist im Leben.

Deshalb war es ein schlimmer Tag, als Meikel ohne Schnauzer zum Training kam. Jetzt sah er auch noch gut aus, das war ekelhaft.

Ich hatte schon vorher versucht, nicht gleichzeitig mit ihm zu duschen, um seinen durchtrainierten Körper nicht anschauen und heulen zu müssen. Was Meikel allerdings nicht davon abhielt, mich zu fragen, wie ich mich schon mit 25 so gehen lassen konnte. Dabei konnte ich gar nichts dafür, das ganze Bier hatte mich so schwabbelig gemacht.

Ich hielt mich damals für einen begnadeten Trinker, aber Meikel nahm mir auch das letzte Fünkchen Selbstbewusstsein.

Ich war Student, hatte also immer Zeit. Mein Studienplatz war in Bamberg, wo ich nie vor Dienstag eintrudelte. Somit gab es keinen Grund, am Sonntag nicht zu trinken. Wir feierten jeden Sonntag, egal, wie das Spiel ausging.

Meikel war und ist Filialleiter der Sparkasse. Aber sogar diesen vermeintlichen Schwachpunkt in seinem Coolness-Portfolio wischte er mit einem Satz beiseite: »Da bin ich mein eigener Herr, den Montagvormittag verbringe ich grundsätzlich im Büro, also lasst uns feiern!«

Ich schaffte es kein einziges Mal, dass er vor mir nach Hause ging. Aber auch ich gab mir keine Blöße, ich kämpfte um das letzte Fünkchen Stolz. Oft stand ich nur noch regungslos an der Theke und hoffte, Meikel würde bald nach Hause wollen. Meikel spürte das manchmal und sagte dann gerne: »Lasst uns noch ins ›Tirili‹ fahren, ich will tanzen!«

Dort angekommen, ging er schnurstracks zum DJ und wünschte sich Lieder, die ich mir auch gerne gewünscht hätte, und rockte auf der Tanzfläche zu »Killing in the Name« so dermaßen ab, dass ihn – mit Mitte dreißig – all die jungen Studentinnen anhimmelten, die ich vielleicht auch gerne gehabt hätte.

Natürlich hatte Meikel kein Interesse an den Mädels, schließlich war er sehr glücklich mit einer tollen Frau verheiratet.

Irgendwann wurde es mir zu blöd, und ich zog nach München. Hier konnte ich befreit auffeiern, und die Meikel-Schule machte sich in der großen Stadt bezahlt. Wie oft bettelten mich meine Buchhändlerkumpels an, endlich nach Hause zu dürfen.

Wir trafen uns weiterhin ab und an auf Partys in Rimpar oder Würzburg. Und immer wieder erfuhr ich dort sensationelle Neuigkeiten: Meikel, der nie ein Instrument beherrscht hatte, begann auf einmal mit dem Mundharmonikaspielen.

Ja, toll, Mundharmonika, dachte ich noch, bis er am Lagerfeuer ungefähr acht verschiedene Harps auspackte, um dann einen aufzuspielen, dass dieser Spiel-mir-das-Lied-vom-Tod-Typ wahrscheinlich Sex von ihm gewollt hätte.

Auf einem anderen Fest eröffnete er mir, nun auch mit Gitarre angefangen zu haben. Gleichzeitig zu singen bekäme er aber noch nicht so richtig hin, weshalb er heute nur singen würde.

Als die Band aber die Instrumente aufgebaut hatte, übernahm Meikel den Soundcheck und schnappte sich eine Gitarre. Nach einer Minute standen mir vor Rührung die Tränen in den Augen, weil er so überragend spielte.

Statt drittklassige Geschichten zu schreiben, wäre ich auch sehr gerne Musiker geworden, aber mein erster Musiklehrer riet mir davon ab, weil ich schon von der Komplexität einer Triangel heillos überfordert war.

Die größte Stunde meiner Musikerkarriere bescherte mir, man ahnt es, Meikel. Wir waren im Skilager, saßen gegen drei Uhr nachts noch im Aufenthaltsraum und spielten wieder einmal »Ich geh auf keinen Fall als Erster ins Bett!«.

Carmen, Peewee und Manni spielten mit. Also kam Meikel – die genauen Umstände sind leider nicht mehr zu rekonstruieren – auf die Idee, mit der Klampfe loszuziehen und allen Pfeifen, die schon im Bett lagen, ein kleines Konzert in Form eines Liedes zu geben. Wir wählten »Willenlos« von Westernhagen und zogen los.

Wir gaben 15 Konzerte in 15 Zimmern, und was soll ich sagen, die Leute waren begeistert. Noch nie bin ich in so kurzer Zeit so oft beschimpft worden.

Ich kann das Lied heute noch auswendig. Immer, wenn ich es höre, geht mein Zeigefinger nach oben: »Ihr Name war Natascha, sie kam aus Nowosibirsk!«

Wir wähnten uns am Höhepunkt, als wir das letzte Zimmer erreichten.

Nach den ersten Takten merkten wir, dass wir die beiden im Bett gar nicht kannten. Sie schauten etwas verdutzt, als wir sie anschrien: »Wir tranken Wodka aus Flaschen, sie hätt mich beinah erwürgt!«

Ich glaube, mich zu erinnern, dass sie am nächsten Morgen auscheckten.

Zum ganz großen Schlag holte Meikel jedoch vor zwei Jahren an seinem 50. Geburtstag aus. Er wolle zusammen mit Manni und Jörg 150-jähriges feiern, hieß es in der Einladung. Die Feier sollte auf einem Zeltplatz in Geiselwind stattfinden. Von Freitag- bis Sonntagnachmittag.

Also fuhren wir am Freitag hin, brauchten aber in Geisel-wind noch einmal eine Stunde, um diesen Platz zu finden. Als wir endlich ankamen, wähnten wir uns schon wieder am fal-schen Ort, weil alles nach einem Rockfestival aussah. Überall standen Zelte.

Diese Geistesgestörten hatten bei den Veranstaltern ein konspiratives Treffen des Jugendzentrums Rimpar angemel-det, dann 250 Leute eingeladen und eine Bühne wie bei »Rock im Park« aufgebaut. Außerdem hatten sie fünf Bands enga-giert, die drei Tage durchrocken sollten.

Das ganze Wochenende über ging mein Mund nicht mehr zu.

Am Samstag war jemand da, der ein ganzes Schwein grillte, am Sonntag gab es den besten Steckerlfisch der Welt. Sie reich-ten alkoholische Getränke aus einem großen Anhänger, und immer wieder kamen Leute, die man schon 20 Jahre nicht mehr gesehen hatte. Auf einer Skala von 1 bis 10 würde ich diesem Fest eine 23 geben. Alles war so perfekt organisiert, dass sich die Veranstalter um fast nichts kümmern mussten und selbst richtig mitfeiern konnten.

Für mich hatte es Meikel eingerichtet, dass sich am Sams-tag die Frauen-Nationalmannschaft aus dem nachgeäfften Sommermärchen verabschiedete.

Ich bedankte mich pausenlos bei Meikel, Jörg und Manni. Schon wenn mich Jörg und Manni in der Nähe wähnten, nah-men sie Reißaus, aus Angst, ich könne sie vor lauter Über-schwang küssen.

Meikel nicht, er nahm mich jedes Mal in den Arm. Denn Meikel wäre nicht Meikel, würde er einem nicht auch Pein-lichkeiten verzeihen.

Aber am Sonntag, beim Kicken mit den Kindern, holte er

mich wieder auf den Boden zurück, als er sein T-Shirt auszog.

Der Typ war 50 Jahre alt und hatte einen Körper wie David Beckham. Wie der junge Beckham. Ja, spinnst du, was für ein Sixpack!

In dem Moment beschloss ich zurückzuschlagen. Da ich leider wusste, mit meinem Oberköper nicht kontern zu können, speicherte ich diesen Moment ab und wartete auf meine Zeit, die irgendwann kommen musste.

Auf Tanjas und Breitis Geburtstag war es so weit. Wir feierten im Vereinsheim des VfR Burggrumbach. Quasi dort, wo alles begann. Meikel ahnte noch nichts, als er mit den anderen Rimparern für Tanja und Breiti die *Rocky-Horror-Picture-Show* nachspielte. Mit umgeschriebenen Texten und selbstgeschneiderten Kostümen und allem Pipapo.

Auch so was: Wenn einer aus deren Freundeskreis einen runden Geburtstag hat, gibt es eine Aufführung. Mal ein Musical, mal ein einstündiges Theaterstück, welches sie wochenlang üben und auch im Fernsehen oder am Broadway aufführen könnten. Wenn aus unserem Freundeskreis jemand Geburtstag hat, fällt es uns wieder ein, wenn man sich Wochen später trifft.

»Ach ja, stimmt, alles Gute. Warte, ich hol dir ein Bier. Oder warte … hol du uns lieber zwei.«

Auch okay, finde ich, aber etwas weniger furios.

Gegen ein Uhr schlug meine große Stunde. Ich ging zur Bar und ließ mir von Tanjas Brüdern einen Cola-Asbach-Stiefel einschenken. Ein Getränk, an dem wir früher unsere Männlichkeit festgemacht hatten.

Wie auf jedem Fest mit Rimparer Freunden tanzten um diese Uhrzeit alle Arm in Arm im Kreis und grölten einen

STS-Klassiker. Für mich sind diese Momente immer der Inbegriff von Heimat.

Ein perfekter Augenblick, um Meikel den Cola-Asbach-Stiefel unter die Nase zu halten. Er schaute auf den Stiefel, sah mich an, und ich registrierte ein kurzes, anerkennendes Nicken. Dann setzte er den Stiefel an und nahm einen Schluck, von dem 80 Prozent der Anwesenden augenblicklich ins Koma gefallen wären.

Da wusste ich, dass er einfach nicht zu schlagen ist, und ging, wieder einmal als zweiter Sieger, nach Hause.

Ich überlegte, mir einen Schnauzer wachsen zu lassen.

LANGWEILIG

Eines Sommernachmittages hatte ich Langeweile. Kein Fußballspiel in Sicht, kein Buch oder Fußballmagazin zur Hand, kein Bier daheim und keine Süßigkeiten, ich hatte mit dem Rauchen aufgehört, und müde war ich auch nicht.

Ich brauchte sehr lange, um etwas zu finden, über das es sich lohnte nachzudenken.

Über die Arbeit denke ich nie nach, die Bundesliga war in der Sommerpause und der HSV im Algarve- oder Fuji- oder UI-Cup ausgeschieden. Einige Zeit grübelte ich, wie ich an ein Bier kommen könnte, ohne mich zu bewegen. Ich hätte jemanden anrufen und unter einem Vorwand mit Bier zu mir locken können, doch dazu hätte ich die Hängematte verlassen und zum Telefon gehen müssen. Das war es mir dann doch nicht wert.

Und wie mir da so langweilig war – ich weiß nicht, wie ich darauf kam –, überlegte ich mir urplötzlich, was wohl die langweiligste Sache der Welt wäre. Anfangs war das total langweilig, aber ich steigerte mich.

Einen kurzen Moment dachte ich, ich befände mich schon im Zustand der größten Langeweile. Bis mir einfiel, dass ich mich mal über eine Viertelstunde mit Leuten unterhalten hatte, die sich nicht für Fußball interessierten. Das war schlimm. Sie redeten über Politik und Beziehungsprobleme. Vom Ersten hatte ich keine Ahnung und vom Zweiten zu viel.

Dann habe ich noch zweimal bei einem Löwenspiel zugeschaut. Zweimal gegen Köln. Das erste war ein 0:0 bei minus 15 Grad, und ich war ohne Begleitung im Stadion. Es war wahrscheinlich das langweiligste 0:0 der Fußballgeschichte. Dachte ich lange Zeit. Bis ich in der darauffolgenden Saison bei der gleichen Paarung wieder ein 0:0 gesehen habe. Verglichen mit diesem Spiel war das erste ein Feuerwerk.

Meine Überlegungen gingen weg vom Fußball zu Dingen wie BWL-Vorlesungen, Gottesdiensten und Schneckenrennen.

Und dann wieder zurück zum Fußball, wenn man Frauenfußball Fußball nennen kann. Wieder glaubte ich, das Langweiligste auf Erden gefunden zu haben: Frauen, die sich komisch bewegen, die sich für Fouls entschuldigen und für die Wörter wie Stürmerin, Torfrau und Fußballtrainerin erfunden wurden.

Meine Macho-Einstellung machte mir Angst, also wieder zurück zum richtigen Fußball.

Und prompt fiel es mir wie Schuppen von den Augen. Da war es, das Paradebeispiel, die Mutter, der Mount Everest, der Inbegriff der Langeweile:

Fan zu sein vom FC Bayern München.

Deutscher Meister '32, '69, '72, '73, '74, '80, '81, '85, '86, '87, '89, '90, '94, '97, '99, 2000, 2001, 2003, 2005, 2006, 2008, 2010, 2013.

Pokalsieger '57, '66, '67, '69, '71, '82, '84, '86, '98, 2000, 2003, 2005, 2006, 2008, 2010, 2013.

Europapokalsieger '67, '74, '75, '76, '96, 2001, 2013.

Wie langweilig ist das denn bitte? Jedes Jahr feiern? Immer wieder geklonte Meisterschaften? Mal mit Matthäus, mal mit Effe, mal mit Lahm?

Und alljährlich diese unsägliche Weißbierdusche. Mal mit Scholli, mal mit Brazzo, mal mit Alaba. Wie Geisteskranke

144

rennen sie rum und schütten jedem Bier über den Kopf. Die Bierduschen kann man wie Schäfchen zählen.

Mal ehrlich, wie willst du dich da als Fan freuen? Ich dagegen als HSV-Fan würde mich richtig freuen, ich warte nämlich seit 1987 auf einen Titel. Aber nein, wir gewinnen seltener auswärts, als Bayern Meister wird. Das ist doch keine Relation, das ist doch langweilig.

Ich als Bayern-Fan würde meinen Zweitwagen, wenn ich einen hätte, für die dauernden Meisterfeiern fest in der Leopoldstraße parken. Autokorso, Auto abstellen, saufen, im Auto schlafen und früh mit der U-Bahn heim.

Mannomann, jedes Jahr ein- bis dreimal das Gleiche, da stumpfst du doch ab.

Highlights gibt's in diesem Verein nur, wenn ein italienischer Trainer deutsch spricht oder ein extrovertierter Rheinland-Pfälzer in einer Oberpfälzer Pizzeria irgendein Landei verprügelt.

Und ich bin mir nicht ganz sicher, ob es mit Guardiola abwechslungsreicher ist. Bayern ist noch stärker und wird alle Titel gewinnen. Souverän. Mit durchschnittlich 97 Prozent Ballbesitz. Lahm spielt oftmals in einem Spiel alle Positionen. Bis auf Rechtsverteidiger. Dort gönnt sich Guardiola weiterhin Rafinha. Weil er diesem nach dem Spiel immer so gerne zuhört, wenn er ungläubig mit seiner Familie und seinen Freunden telefoniert:

»Ja, echt, ich hab schon wieder gespielt! Ja, ich, mit den ganzen guten Spielern! Obwohl ich im Training niemals den Ball berühre.«

Trotzdem kaufen sich alle Fans Dauerkarten und sitzen bis ans Lebensende neben denselben Pappnasen, die bei jedem Spiel gleich euphorisch dieselben Sachen aufs Spielfeld rufen: »Super! Prima! Toll! Yippie, bald gibt's wieder Bier auf'n Kopf!«

Nach jedem Tor wecken sie sich gegenseitig. Richtig freuen kann sich keiner mehr.

Ich dagegen könnte mich freuen. Ich nähme auch ein bisschen Langeweile in Kauf. Wenn ich rüstig bleibe, könnte ich noch um die 50 Meisterschaften erleben.

Na ja, eine einzige würde mir auch reichen.

Bitte!!! Meinetwegen auch mit Weißbierdusche.

TEE UM 15:30 UHR

Es war ein bewegender Moment, als ich mit Tom zu seinem ersten Fußballtraining ging. Wir hatten vorher lange nach schwarzen Fußballschuhen gesucht.

Tom sollte erst einmal Bodenständigkeit lernen, der Erfolg würde ihn früher oder später eh verderben.

Deshalb zog ich ihm auch ein HSV-Trikot an. Und weil er so unter den ganzen Schweinsteigers und Robbens eher herausstechen und früher von den Talentsuchern entdeckt werden konnte. Schließlich will ich spätestens mit Mitte fünfzig mit dem lästigen Arbeiten aufhören. Mit der Schriftstellerei wird das wohl eng, also muss mich Tom da rausboxen.

»Wer ist dieser Collin Benjamin, der auf meinem Rücken steht?«, holte mich Tom aus meinen Träumen zurück. »Ist der besser als Ribéry?«

»Um einiges besser«, sagte ich, »vor allem charakterlich, und mehr Bundesligaspiele für den HSV hat er auch.«

Tatsächlich war Tom im Training einer der Besten auf dem Feld. Ich übersah generös, dass die meisten anderen Kinder ungefähr anderthalb Köpfe kleiner waren. Einige Gegenspieler waren noch so klein, dass sie sich manchmal mitten im Angriff auf den Boden setzten und anfingen, Erdhäufchen aufzutürmen.

Dennoch war ich begeistert von Tom. Als er sich zum ersten Mal im Strafraum durchsetzen konnte – er rannte die Halbembryonen einfach um – und mit dem Ball gemächlich ins Tor lief, konnte ich nicht anders:

Ich rannte den Zuschauerhügel mit erhobenen Armen hinunter, packte die Kuntz-Säge aus und schrie immer wieder »Mein Sohn! Mein Sohn!«.

Tom kam zu mir und zupfte an meinem Ärmel.

»Pst, Papa«, flüsterte er, »reiß dich zusammen. Die anderen Jungs hier sind ungefähr zwei Jahre alt. Ich glaube, einer von denen trägt noch eine Windel. Du musst dich bei den Trainingszeiten verschaut haben.«

Ich gebe zu, mir war es ein wenig peinlich. Aber nicht so sehr wie den anderen Eltern, die Gespräche vortäuschten, um mich nicht anschauen zu müssen.

Trotzdem trug ich Tom eine Woche lang den Ranzen zur Schule und ihn selbst jeden Abend die Treppe hoch. So ein Talent sollte man nicht leichtfertig verheizen.

Die Euphorie ebbte etwas ab, als Tom eine Woche später in der richtigen Altersklasse mittrainierte. Die Jungs in der F-Jugend spielten richtig Fußball, sie kannten Dinge wie Hinterlaufen, Doppelpass und die falsche Neun. Nachdem Tom ein paar Mal ausgespielt worden war, schaute er sich nach Erdhaufen um.

»Lass uns nach Hause gehen«, sagte er, »das ist Zeitverschwendung.«

Doch so schnell sollte er seine Karriere, die so vielversprechend begonnen hatte, nicht beenden.

Ich rechnete ihm also vor, wie viele iPads und Wiis Zlatan Ibrahimović sich von dem Geld kaufen kann, das er in einer Minute verdient. Ja, auch in den Minuten, in denen er schläft oder sich im Spiegel anschaut.

Das saß, Tom wollte sich durchbeißen.

Und siehe da, MEIN SOHN stand beim ersten Saisonspiel in der Startsieben.

Man konnte ihn jetzt nicht gerade als Leistungsträger bezeichnen, aber er stellte sich ganz okay an. Alle waren zufrieden.

Nur ich nicht.

Es gab am Spielfeldrand weder Bier noch Stadionwurst. Auf die Wurst konnte ich gerade noch verzichten, ich musste nur meinen Körper anschauen. Aber wie soll man sich bitte ein Fußballspiel ohne Bier anschauen? Noch dazu ein Jugendspiel, was ohne das Mitwirken eigener Kinder vom Unterhaltungsfaktor locker an ein Frauen- oder Löwenspiel rankommt.

Die erste Viertelstunde überbrückte ich mit drei Zigaretten, bis mich eine Mutter ansprach.

Sie schaute mich streng an, trank einen Schluck Tee aus ihrem Thermoskannendeckel, den sie mit beiden Händen fest umklammerte, und sprach: »Wollen wir unseren Kindern nicht ein Vorbild sein?«

»Doch, will ich schon. Bevor mein Sohn seinen Tee so trinkt wie Sie, soll er lieber Kettenraucher werden!«

Natürlich ist mir diese Antwort erst später eingefallen, in Wahrheit lief ich wortlos hinter den Zaun und rauchte dort weiter.

Mann, was ist nur aus dem Jugendfußball geworden?

In den späten Siebzigern waren die Eltern – was sage ich? –, die Väter nur bei unseren Heimspielen dabei und hatten meist schon vor dem Anpfiff drei Halbe im Gesicht.

Alle rauchten, den Begriff Vorbild kannten sie nicht.

Wenn man an der Eckfahne zum Vereinsheim hin eine Ecke treten wollte, musste man das blind aus einer dichten Rauchwolke heraus tun.

Die Vorstellung, dass damals eine teetrinkende Frau vor unsere Väter getreten wäre und sie zurechtgewiesen hätte, belustigt mich sehr.

Niemand regte sich auf über Väter, die nach Fehlpässen ihre Kinder oder die der anderen beschimpften.

Ich dagegen wies nur unseren kleinen Zehner, der einen Ball mit der Hacke weitergeleitet hatte, etwas unsanft in die Schranken. Es war nicht mehr als ein Reflex, bei uns in Rimpar auf der roten Erde wurde man wochenlang nicht mehr aufgestellt, wenn man einen Ball mit der Hacke spielte.

Aber wieder stand die Rooibos-Mutter vor mir.

»Entschuldigung«, sagte ich, trat die Zigarette aus und nahm einen Schluck von ihrem Tee. Ich wollte eigentlich nur wissen, ob sie wenigstens Rum reingeschüttet hatte, aber das besänftigte sie. Ich durfte mich sogar wieder in unsere Gruppe stellen. Solange ich nicht rauchte.

Die Leute waren ganz nett, aber sie waren halt nicht auf dem Fußballplatz groß geworden. Sie verstanden nicht, dass ich die ganze Zeit über das fehlende Bier schimpfte, ich verstand sie nicht, wenn sie über Fußball redeten.

Leider verstanden sie mich, als ich Tom ein taktisches Kommando zurief.

Er war als letzter Mann überlaufen worden, also schrie ich: »Hau ihn um!«

Wir sind früher nicht so übertrieben taktisch geschult worden. Vielmehr gab es im Jugendfußball nur drei Grundregeln, die jeder Trainer, Spieler und Zuschauer mantragleich herunterbeten konnte:

1. Wenn dein Gegenspieler aufs Klo geht, gehst du mit!
2. Nie vor dem eigenen Sechzehner quer spielen!
3. Wenn dein Gegenspieler vorbei ist, muss er fliegen!

Mir war klar, dass das Ärger geben würde, andererseits hatte ich ein sicheres Tor verhindert.

»Ich hab ein sicheres Tor verhindert«, flüsterte ich, doch der Mob schaute mich an, als ließen sie mich zur Strafe gleich den gesamten Teevorrat austrinken.

Ich hatte echt Angst, bis mir ein anderer Vater auf die Schulter klopfte.

»Alter, wie geil, wenn sie jetzt vor dem Sechzehner keine Bälle mehr quer spielen, könnten wir das Ding nach Hause fahren.«

Dann öffnete er seinen Rucksack und holte zwei eiskalte Bierdosen raus. Ich dachte, wenn er jetzt noch einen Kugelschreiber rausholt und ein Loch in die Dose bohrt, frage ich ihn, ob er mich heiratet. Die Tee-Fraktion sagte nichts mehr und traute sich nicht, noch einmal Tee nachzuschütten.

Bei den nächsten Spielen standen wir beide immer etwas abseits, rauchten und tranken Bier. Manches Mal wurde der eine oder andere Vater durch das Zischen der Bierdosen angelockt und trank im Vorbeigehen unauffällig einen Schluck.

Unsere Jungs wurden Herbstmeister, nicht zuletzt wegen unserer Taktikschule.

Irgendwann nutzte sich das Ibrahimović-Argument aber leider auch ab. Tom sah, dass die anderen besser spielten als er und es mit der ganz großen Laufbahn wohl nichts werden würde.

Nachdem er bei einem Hallenturnier nach dem ersten Spiel am Morgen schon fragte, ob das Turnier noch lange dauern würde, beendeten wir seine Karriere.

Wir wurden überschwänglich verabschiedet.

Auch ich war irgendwie erleichtert, auch wenn ich wieder unsicher war, ob Tom wirklich mein Sohn ist. Strohblond und kein Interesse an Fußball. Gut, die Gemeinsamkeit mit der bodenlosen Faulheit ist nicht von der Hand zu weisen, aber ich war am Grübeln.

Tom schien das zu merken, denn am nächsten Tag beruhigte er mich.

Er war krank und konnte nicht zur Schule. Anna und ich konnten nicht zu Hause bleiben, also nahm ich Tom mit zu Hugendubel und legte ihn auf die Leseinsel. In der Mittagspause brachte ich ihn heim. Da Anna noch nicht da war, schaltete ich ihm KiKA ein und gab ihm die Telefonnummer unserer Nachbarin Anja. Falls etwas wäre.

Eine halbe Stunde später rief mich Anja lachend an. Ob wir sie verarschen wollen. Tom hätte sie eben angerufen und gesagt, dass er alleine zu Hause sei. Und ob sie – so habe er sich wortwörtlich ausgedrückt – auf ein Käffchen vorbeikäme. Mein Sohn!

WE CALL IT A KLASSIKER

Drei Wochen Familienurlaub in Thailand. Das mag was sein für dicke, faule Väter, die nicht mehr brauchen als Sonne, Massagen und fünf warme Gerichte täglich. Für mich als jungen, dynamischen und aufstrebenden Mittvierziger war es ein Graus.

Klar lag auch ich jeden Tag in der Sonne, ließ mich massieren und überlegte nach jeder Mahlzeit, was ich als Nächstes essen könnte, aber was hätte ich sonst auch machen sollen mit den Kindern am Haken.

Irgendwann in der dritten Woche machte mich Anna darauf aufmerksam, dass am Abend ein Länderspiel zwischen den Engländern aus dem benachbarten Samui Beach Club und den Deutschen aus unserem Coco Palm Resort stattfände. Während sie das sagte, starrte sie auf meinen Bauch.

Ich dachte an einen entspannten Strandkick und die unzähligen Freundschaftsbiere danach und trug mich in die Liste an der Rezeption ein. Gleichzeitig würde ich die aktuelle Vormachtstellung des deutschen Fußballs etwas untermauern können. Ich hatte am Vortag durch den Zaun einige Chelsea-Fans gesehen, also holte ich mir vom Straßenhändler noch schnell ein Özil-Trikot, um vielleicht einen frühen Platzverweis provozieren zu können.

Um 17 Uhr sollte Anpfiff sein, die Engländer begannen um 16 Uhr mit dem Aufwärmen. Spätestens als sie ihre T-Shirts auszogen, überlegte ich, wie wir am schnellsten auschecken und die Insel verlassen könnten. Diese Vielzahl an Muskeln und Tätowierungen konnte man nur gesammelt haben, wenn man den Großteil seines Lebens im Gefängnis verbracht hatte.

Gerade als ich meiner Familie durch Handzeichen das Signal zum Kofferpacken geben wollte, rauschte eine Hand wie eine Bratpfanne auf meine Schulter, und eine zarte Stimme hauchte mir ins Ohr: »Du musst der Keidel sein, Alter!«

Ich drehte mich um und erblickte die »Pitbull-Hooligans Hoyerswerda«, wie ihre T-Shirts verrieten. Was die fiesen Gesichter anbetraf, standen sie den Engländern in nichts nach.

Mann, ich hatte mich in den drei Wochen locker an die 90-Kilogramm-Grenze herangefressen, aber inmitten dieser Holzklötze á la Jan Koller und Jaap Stam kam ich mir vor wie Icke Häßler zu Grundschulzeiten.

Um wenigstens ein bisschen Eindruck zu schinden, zeigte ich einem Engländer mein Bernd-Hollerbach-Trikot und erklärte ihm, dass ich ihn kenne und er aus einer Metzgerfamilie stamme.

Mein Englisch ist nicht so der Hit, aber als Antwort verstand ich irgendetwas mit »Hackfleisch« und »Hollerbach weiterverarbeiten«.

Ich hakte nicht nach.

Vielmehr fragte ich mich, was ein gazellengleicher Spieler wie ich auf dem Schlachtfeld dieser Totschläger verloren hatte.

Dennoch spitzelte ich kurz nach dem Anpfiff einen langen Ball mit der Hand am Torwart vorbei und erzielte das 1:0. Meine Hooligankumpels mit dem Gesamtgewicht eines Mittelklassewagens begruben mich unter sich. Der 1,40 Meter große thailändische Schiri wollte den Jungs nicht die Freude und sich dadurch das Leben nehmen und erkannte den Treffer an.

Um die Situation etwas aufzulockern, rief ich den englischen Ex-Knackis ein »You remember Maradona?« zu.

Dass die Burschen keinen Spaß verstanden, war spätestens bei meiner nächsten Ballberührung klar. Mindestens vier Engländer mit mindestens acht gestreckten Beinen sprangen zeitgleich in Richtung meines zarten Körpers.

Nur durch eine saubere Schutzschwalbe verhinderte ich geschätzte 19 Knochenbrüche, zog es aber vor, den Rest des Spiels im Tor zu verbringen.

Eine weise Entscheidung, denn von dort konnte ich beobachten, wie erwachsene, eigentlich entspannte Urlauber versuchten, sich gegenseitig umzubringen.

Klar spielte hier England gegen Deutschland, und die zehn Bier, die die meisten der Akteure vor dem Match getrunken hatten, waren auch nicht hilfreich, aber man kann es auch übertreiben.

Bald lagen wir nach zwei katastrophalen Torwartfehlern 1:2 hinten, und die englischen Zuschauer nannten mich schon Jens »Flycatcher« Lehmann, als kurz vor Schluss nach einem Pressschlag, bei dem es erneut zwei oder drei Verletzte gab, der Ausgleich fiel.

In der anschließenden Verlängerung stellten wir uns alle hinten rein, denn wir wussten, dass ein Elfmeterschießen mit Engländern gleichbedeutend mit einem Sieg ist.

So kam es, wie es kommen musste, die ersten neun Schützen hatten getroffen. Alle fünf Deutschen hatten eingenetzt, und ich konnte den Gewaltschüssen der Engländer auch gerade noch ausweichen.

Der letzte Schütze der Engländer erinnerte mich ein bisschen an Stuart Pearce. Oder doch mehr an Chris Waddle? Oder Gareth Southgate?

Auf jeden Fall war allen klar, dass er verschießen würde. Geschichte wiederholt sich.

Zur Sicherheit rief ich Pearce (respektive Waddle respektive Southgate) kurz vor dem Schuss noch ein »Kutzop« zu, als der Ball auch schon an den Außenpfosten klatschte.

Der Rest war Rennen.

LIEBLICHER WEIHNACHTSKICK

Ich verschluckte mich fast an meiner Gänsekeule.

»Volker, geh mal ans Telefon«, sagte mein Vater, »der Bernd Hollerbach ist dran und will mit euch Holzgäulen Fußball spielen.«

Er war tatsächlich am Hörer.

»Servus Cattle«, sagte er, »ich hab gehört, dass ihr jedes Jahr am zweiten Weihnachtsfeiertag kickt. Ich muss dringend was tun, und auf Joggen hab ich keine Lust.«

Ich dachte an die Gesichter der anderen, wenn Bernd aus dem Auto steigt. Und ich grübelte, ob ich ihn als HSV-Fan vor seinem Karriere-Ende würde bewahren können. Im Gegenzug sollte er sich dafür von mir tunneln lassen.

Mir war es eigentlich schon nicht recht, dass Sébastien, mein französischer Gastfamilienbruder, mitspielen wollte. Vor dem geistigen Auge erklärte ich Sébastiens Eltern bereits den Weg ins Krankenhaus.

Unser Weihnachtskick ist schließlich nicht irgendein Kick. Wir sind alle mittlerweile etwas in die Jahre gekommen und in die Breite gegangen. Viele von uns haben schon lange nichts mehr gewonnen, aber immer an Weihnachten geht es ums Prestige und auch sonst um alles.

Außerdem ist Steve dabei, der zwar immer weiß, dass er einen Schritt zu spät dran ist, aber dennoch niemals zurückzieht.

Und Knacki, der zwar nie unfair, aber unglaublich hart spielt.

Ich selbst gehe Zweikämpfen mit beiden möglichst aus dem

Weg, aber ab und an spiele ich aus Versehen einen von ihnen aus. Im Normalfall bleibt dir dann eine knappe Sekunde Zeit, den Ball abzuspielen oder hektisch irgendwohin zu schlagen, bevor es knallt und du mit schmerzverzerrtem Gesicht am Boden liegst.

Dies alles versuchte ich, beiden zu erklären, doch Bernd lachte nur, und Sébastien meinte, er sei immerhin »amtierendär Weltmeistähr und Öropameistähr, die dicken Deutschen werden nur meine Acken sehen«.

Wenn du dich da mal nicht täuschst, alter Franzose!

Ich wollte erreichen, dass Bernd und Sébastien mit Steve und Knacki in einer Mannschaft spielen, aber das wäre zu schön gewesen. Wie jedes Jahr wurden die Mannschaften per Ix-Ax-Verfahren – manche sagen auch Tip-Tap – gewählt.

Bernd wurde überraschenderweise als Erster gewählt, irgendwann kamen Sébastien und ich dazu, auf Steve und Knacki wartete ich vergeblich. So konnte ich unseren Tunnel-Deal zwar nicht durchziehen, würde mich aber im Falle eines Foulspiels schützend vor ihn werfen können.

Doch um Holler machte ich mir umsonst Sorgen. War auch irgendwie klar. Der Mann hatte in der Bundesliga mehr gelbe Karten gesammelt, als ich jemals gute Flanken geschlagen hatte. Wie konnte ich glauben, er könne sich auf dem Bolzplatz verletzen lassen.

Steve versuchte ein Tackling, prallte aber einfach an Bernd ab, Knacki versuchte es daraufhin gar nicht mehr.

An Sébastien hatten sie jedoch ihre helle Freude. Ein kleiner, technisch starker 60-Kilo-Franzose, der ein bisschen Hacke, Spitze, 1-2-3 spielen wollte.

Dazu ein schneebedeckter Kunstrasen und jede Menge zu weit vorgelegte Bälle. Ich sah mehrmals Steve von links und Knacki von rechts heranrauschen und Sébastien durch Schneewolken hüpfen und fluchen. Der arme Kerl hatte nach wenigen Minuten Tränen in den Augen, und der Schneid war auch schon weg. Steve hatte ihm diesen abgekauft mit seinen 90 Kilo plus 3 Weihnachtskilo und einem gestreckten Bein in Augenhöhe. Danach grätschte ihn Knacki mitsamt Ball auf die Tartanbahn. Es war kein Foul, sogar Bernd zog anerkennend seine Augenbrauen hoch. Sébastien zog es fortan vor, sich möglichst weit entfernt vom Ball aufzuhalten.

Später, nachdem er sich erschöpft ins Auto geschleppt hatte, platzte es aus ihm heraus: »Putain de merde, quels bourrains«, sagte er, was so viel heißt wie »Urenkacke, was für unfaire Arschlöchär«.

»Die Deutschen können überaupt nicht Fußball spielen, der Steve ist ein Mörder. Und eißt Knacki Knacki, weil es immer so knackt, wenn er zum Ball geht? Oder steht Knacki für Äftling, weil er für sein Spiel eigentlich ins Gefängnis geört?«

Bernd meinte nur lapidar: »Oh, mein Pulsmesser zeigt einen Maximalwert von 134. Ich hab sogar etwas geschwitzt. Da wird sich der dicke Pagelsdorf aber freuen.«

Ich selbst freute mich auf das Mannschaftsfondue am Abend und beschloss, mich so fett zu fressen, dass ich nie mehr in die Verlegenheit kommen konnte, jemand auszuspielen.

Eigentlich wollte ich überhaupt nie wieder Fußball spielen. Ich hatte mich vor dem Spiel heute immer gefragt, ob die Jungs in der Bundesliga wirklich so viel besser spielen als wir. Und ja, Bernd spielte viel, viel, viel, viel, viel besser. In einer Situation wollte Breiti ihm die Kugel mit aller Gewalt abluchsen, doch er kam nicht einmal in die Nähe des Balles. Es sah eine Weile genauso aus, wie wenn ein Kind einem Erwachsenen den Ball abnehmen will, dann zog Bernd einen kurzen

Sprint an. Als sich Breiti umdrehte, war Bernd bereits am anderen Strafraum.

Sébastien war ebenfalls noch etwas eingeschüchtert, allerdings nicht wegen Holler.

Er musterte Steve skeptisch, als er neben ihm Platz nahm.

»Und? Trittst du mich jetzt?«, fragte er, während er seine Schienbeinschoner geraderückte.

ZWEITE MANNSCHAFT

Ringring ... ringring«, schallte es durch die 650-Quadratmeter-Villa von Oliver Kahn.

Es ist Sonntagmorgen, Olli ist noch etwas müde. Gestern hat er beim Bundesligaspiel gegen Werder Bremen durch unglaubliche Paraden und Reflexe den Sieg festgehalten. Nach der Pressekonferenz und dem Mannschaftsessen hat er sich mit Verena im P1 – im »Stüberl«, wie es in der Szene heißt – getroffen.

Er hat Verena lange beim Tanzen zugeschaut und dabei sechs Mineralwasser zu je zwölf Euro getrunken, bis er um halb eins nach Hause ging.

Also, in der Zusammenfassung ein richtig ausgelassener Abend, weshalb Oliver schwer in die Gänge kommt. Der Anrufer aber lässt nicht locker, und Verena zuckt nicht einmal. Sie war noch bis fünf Uhr geblieben, aber das lässt Kahn kalt. Er vertraut Verena. Sie wohnt ja auch gerne auf 650 Quadratmetern. Und manchmal glaubt sie sogar, sie hätte ohne Olli die eigene Fernsehshow überhaupt nicht bekommen.

Endlich steht er auf, greift nach dem 1800-Euro-Handy und hat es im Nachfassen sicher. Es ist Schweini, der Doppeltorschütze vom Vortag.

»Guten Morgen, Titan. Kommst du nachher mit zu den Sportfreunden?«

»Ach, ich weiß nicht, ich höre doch lieber REO Speedwagon und Barclay James Harvest. Oder Meat Loaf, wenn ich mal richtig abrocken will.«

»Jaja, Olli, ich kenne deinen exquisiten Musikgeschmack, ich meine aber nicht die Sportfreunde Stiller, sondern den SC Sportfreunde München.«

»Ach so. Dann bin ich dabei.«

Die Sportfreunde spielen direkt neben dem Trainingsgelände des FC Bayern. Zuerst warf man, zusammen mit den verschossenen Bällen der Sportfreunde, nur verstohlene Blicke über den Zaun, doch seit vielen Jahren sind die meisten Bayern-Spieler auch Fans der zweiten Mannschaft. Auf Spiele der ersten Mannschaft haben sie keinen Bock. Deren Spieler bekommen eine Zehn-Euro-Punktprämie, das macht den Fußball kaputt.

»Hast du die neue *11 Blinde* schon? Da ist eine Reportage über den Steini drin. Warte, ich les dir mal vor:

›Vorstopper Michael Steinberger geht morgens um acht zur Arbeit. Er ist Polizeibeamter, hat viel Bürokram zu erledigen, geht aber auch manchmal zum Spurensichern. Mittags isst er gerne eine Leberkässemmel oder ein Menü von McDonald's. Gegen 17 Uhr ist er zu Hause, legt sich in die Badewanne und geht danach mit Freunden aus. Steini liebt siffige Kneipen und trinkt auch gerne mal so viel, dass er brechen muss …‹

Geil, oder? Mann, der darf das ganze Zeug essen, für das der Ballack Werbung macht.«

»Ja, und einen geregelten Tagesablauf hat er, und am Abend kann er zehn Bier trinken, ohne dass sich jemand beschwert«, ergänzt Kahn.

»Höchstens seine Freundin, falls er eine hat. Apropos Freundin: In der *11 Blinde* gab's auch 'ne Doppelseite mit Spielerfrauen aus der C-Klasse. Ganz normale ungeschminkte, hübsche Mädels, nicht so wie unsere aufgebrezelten Sonnenbänklerinnen. Und wahrscheinlich sind auch noch die meisten mit den Spielern zusammen, weil sie sie richtig mögen.«

Kahn lacht: »Meinst du vielleicht, Verena ist nur wegen meiner Kohle mit mir zusammen?«

Jetzt lacht Schweini: »Nein, Olli, weil du so ein lässiger Typ bist und so geil aussiehst. Und wegen deines Charakters, dich muss man einfach gernhaben. Außerdem ist Verena mehr so der Typ, dem innere Werte total wichtig sind …«

»Lass mich in Ruhe«, unterbricht Kahn, »ich hol dich in 20 Minuten ab, dann sehen wir noch das Aufwärmen. Vergiss deine Kutte nicht.«

Die Spiele der Reserve beginnen um 12:45 Uhr, jetzt um 12 ist der Parkplatz schon proppenvoll. Da steht Lahms Porsche (Lahms Porsche, wie witzig) neben Kloses Ferrari und van Bommels tiefergelegtem Audi A8 quattro turbo injection coupé mit beheizter Tankanzeige.

Rensings Käfer Cabrio sieht dagegen etwas verloren aus.

Die Spieler der zweiten Mannschaft kommen wegen dem Restalkohol meist mit dem Fahrrad oder zu Fuß.

Olli und Schweini begrüßen ihre Mannschaftskollegen mit einem »Auf die Sportfreunde ein dreifach kräftiges Zicke-zacke, zicke-zacke …«.

Die Löwen-Spieler sind auch beinahe komplett vertreten, sie haben auf der Gegengerade auf Bierbänken Platz genommen.

Ribéry stimmt das allseits beliebte »cochons de chaise« an, weil er Sitzplatzschweine so schlecht aussprechen, geschweige denn singen kann.

Dann kehrt erst einmal Ruhe ein. Die Profis versuchen, Augenkontakt zu den C-Klasse-Kickern aufzunehmen und ihnen eventuell ein Zunicken abzuringen.

Doch die meisten müssen sich aufs Geradeauslaufen konzentrieren.

Der Platz ist heute wieder traumhaft. Große Pfützen, sehr wenig Rasen, dafür saubere Bodenwellen. Platzwart Rudi, zugleich auch Auswechselspieler, ist noch mit Abstreuen beschäftigt.

»Muss klasse sein, auf so einem Platz zu spielen«, meint Lucio.

»Ja, und ohne eine einzige Kamera, da kann man locker mal nachtreten, ohne dass man gleich gesperrt wird«, schwärmt Luca Toni, der erstaunlich schnell Deutsch gelernt hat.

Der Schiedsrichter ist um die 75 Jahre alt und kann nur noch sehr schlecht laufen und sehen. Das wird die Millionäre jedoch nicht davon abhalten, ihn aufs Übelste zu beleidigen, falls er gegen die Sportfreunde pfeift. Außerdem haben sie sich genau gemerkt, wo sein Auto steht.

Jetzt plärrt der Zeugwart die Aufstellung ins Megafon. Selbstverständlich nur die Vornamen: »Mit der Nummer 1, Holger …«

»Oberhuber!«, schallt es aus circa 30 Berufsfußballerkehlen.

»Mit der Nummer 2, Andi …« – »Radlbauer!«

»Mit der Nummer 3, Ralf …« – »Dinkel!«

Ralf Dinkel ist ihr erklärter Lieblingsspieler. Man erkennt, dass er seinerzeit ein Riesentalent war. Nur durch konsequentes Am-Wochenende-Zuballern konnte er es schaffen, es zu vergeuden. Jetzt ist er sehr dick und nur noch ein Schatten seiner selbst, wenn auch ein gewaltiger. Vor diesem Lebenswandel haben die Profis einen Heidenrespekt, viele wären gerne wie er.

Der Spielverlauf ist schnell erzählt. Ein klägliches 0:0,

schlimmes Gebolze, kein einziger Doppelpass, dafür siebenmal Gelb, zweimal Gelb-Rot und einmal Rot. Die Bayern-Spieler sind vollauf zufrieden.

Zumal Hinterbauer in der 90. Minute noch einen Elfmeter auf den Parkplatz geschossen hat. Mit einem Sieg hätten sie sich auf den vorletzten Platz katapultiert. So aber gibt es Standing Ovations und ohne Ende Schulterklopfen.

Lukas Podolski versucht, das Trikot vom Mittelstürmer zu bekommen, der genau wie er selbst seit 13 Spielen Ladehemmung hat. Der hat es aber schon Di Salvo von den Löwen versprochen.

»Der ist um einiges blinder als du, der hat es eher verdient«, sagt er.

Später im Vereinsheim bekommt Poldi dann doch noch ein paar Autogramme und gönnt sich zur Feier des Tages ein kleines Bier. Als Ralf Dinkel das Mini-Glas sieht, muss er in seinen 2-Liter-Cola-Asbach-Stiefel spucken, den er gerade exen wollte.

Währenddessen sitzen Schweini und Kahn schon wieder im Auto. Schweini ist super gelaunt und lupft zur Feier des Tages die Sportfreunde Stiller in den CD-Wechsler. Olli wirkt sehr nachdenklich. Er grübelt lange, bevor er sagt: »Du, Bastian, meinst du wirklich, es ist wegen meines Geldes?«

SCHÖNSTE MOMENTE

Ich bin ja nicht so der Typ, der sich über seinen Job definiert. Oder über sein Geld. Wahrscheinlich nicht einmal, wenn ich welches hätte.

Ich definiere mich auch nicht über mein handwerkliches Geschick. Ich bin keiner, der am Wochenende mal kurz 80 Quadratmeter Parkett verlegt oder die Kurbelwelle (was auch immer das ist) an unserem Auto wechselt.

Meine Frau kann das bestätigen.

Wenn ich es mir recht überlege, kann ich mich über sehr wenig definieren, weil ich einfach sehr wenig kann.

Früher konnte ich ganz gut mit dem Jo-Jo von Fanta umgehen, und eigentlich wollte ich jetzt, genau hier, eine zweite Fähigkeit anführen, aber mir ist auch nach fünf Minuten nichts eingefallen. Das ist ein wenig dünn, wie ich finde.

»Hey, Keidel, was hast du erreicht in deinem Leben?«

»Na ja, ich konnte in der sechsten Klasse ganz gut Jo-Jo spielen.«

Spitze!

Objektiv gesehen habe ich die einzige Bestätigung beim Fußball bekommen. Es genügte mir, vor 100 Zuschauern zu spielen, ab und zu gegen Erbshausen einen Doppelpack zu schnüren oder Eisi beim Freizeitkick zu tunneln.

Da ich jetzt auch subjektiv nicht mehr gut Fußball spiele, musste ich mir wohl oder übel ein neues Steckenpferd suchen.

Ich habe mich für das Grillen entschieden. Noch kann ich es nicht sehr gut, aber es macht mir Spaß.

Dieses Jahr habe ich mich auf Hamburger spezialisiert, und sogar Michi, mein Nachbar, der besser grillt, als ich damals Jo-Jo spielte, hat sie schon zweimal gegessen. Zumindest das zweite Mal hätte er eine Magenverstimmung oder einen Kater vortäuschen können, also wage ich mich nächste Saison vielleicht an Lammkoteletts.

Wie alle unsere Freunde mussten in diesem Sommer auch die Lauers mit ihren Töchtern Mia und Carlotta einmal bei uns zum Grillen vorbeikommen.

Ich grillte, es gab Hamburger. Unser Grill steht neben dem Mülltonnenhäuschen, auf dem man prima sein Bier abstellen kann. Sobald das Fleisch auf dem Grill liegt, werde ich immer hektisch und drehe die Teile wider besseres Wissen alle 30 Sekunden um. Aber die Zeit davor ist für mich das, was für andere Urlaub im Wellnesshotel ist. Die Glut glimmt sich so durch, alles wird entschleunigt, der männliche Teil der Gäste stellt sich mit mir an die Mülltonne, Kronkorken springen auf die Straße ... Mal ehrlich, gibt es schönere Momente im Leben?

Lauer stand also mit mir da, wir sprachen wenig, auch Lauer weiß solche Momente zu schätzen.

Plötzlich kickte Tom einen Fußball auf den Rasen, und mir wurde ganz anders. Ein Fußball rollt auf einen Rasen, mal ehrlich, das ist noch besser als Grillen mit Mülltonnentheke. Der Ball heißt »Torfabrik«. Eigentlich wollte ich nur irgendeinen günstigen Ball für Tom kaufen, nach seinem Karriere-Ende hätte es auch eine 20-Euro-Kugel getan.

Aber in einem Sportgeschäft zu stehen und sich Fußbälle anzuschauen, mal ehrlich, gibt es da eine Steigerung?

Der Verkäufer schaute mir wohl kurz zu, wartete, bis ich die »Torfabrik« in die Hand genommen hatte, kam dann zu mir und sagte: »Ich glaube, dass Sie wissen, wo das Tor steht, und früher das eine oder andere Ding in den Giebel gejagt haben. Sie und dieser Ball würden gute Freunde werden. Er kostet 119 Euro, Sie als Knipser bekommen ihn für 99 Euro.«

Verdammt! Ich wusste, dass dieser Typ geschult bis zum Gehtnichtmehr war, und ich nicht der erste Empfänger dieser Worte war, deshalb sagte ich: »Alles klar, packen Sie ihn schön ein!«

Eine gute Ausbildung soll sich wieder lohnen.

Tom lief meinem Ball hinterher und eröffnete Lauer und mir, dass er mit Mia, Carlotta und Luzie gegen uns spielen wolle.

Meine Frau hatte dazu auf der Terrasse »Football's coming home« in den CD-Player gelegt, ich wurde heiß wie Frittenfett.

Zur Musik liefen die drei Mädels ein. Luzie hatte sich ein Trikot aus meinem Schrank geholt. Dort hängen zwei Hemden und dreißig HSV-Trikots. Natürlich hatte sich Luzie zielsicher das wertvollste geschnappt. Ein BP-Trikot aus dem Jahre 1983, für das ich auf eBay 150 Steine hingelegt hatte. Eventuell gehörte es einst Lars Bastrup, jetzt trug es Luzie, der Schrecken des Rasens. Ich konnte nicht so laut losschreien, wie ich wollte, schließlich darf meine Frau nie erfahren, welchen Preis ich für ein abgetragenes Stück Stoff bezahlt hatte. Das Trikot war so alt, dass es die nächste Wäsche wahrscheinlich nicht überstehen würde. Zum Trikot trug Luzie den Pokal für den besten Torschützen des AH-Turniers beim SV Thalkirchen, wahrscheinlich das zweitwertvollste Stück aus meinem Fußballmuseum. Ich hatte ihn für zehn blitzsaubere Buden bekommen und mir danach im Wildledermantel mit Pelzkragen das Mikrofon geschnappt und eine fünfminütige Rede gehalten, in der ich mich bei meiner Familie, meinen Freunden, meinen insgesamt 24 Trainern, meinen Mitspielern, bei meiner Hebamme und meinen Sportlehrern bedankt habe. Ich betonte, wie wichtig dieser Titel für mich, aber auch für den Verein und die Region war. Der Pokal war mir jetzt tatsächlich wichtig geworden, weil er mich an die Gesichter erinnerte, die mich während meiner Ansprache fassungslos anglotzten.

»Luzie, pass auf …«, schrie ich noch, doch der Ball flog schon Richtung Grill, bevor ich »… die Wurzel!« nachlegen konnte.

»Oh, du Arme, hast du dir wehgetan?«, heuchelte ich für die Öffentlichkeit, zog Luzie aber während des Umarmens vorsichtig das Trikot aus. Es war zwar schon dreckig geworden, aber vielleicht würde eine vorsichtige Handwäsche ausreichen.

Vor dem Anpfiff besprachen wir unsere Taktik. Lauer wollte hinten spielen und aufpassen, dass kein Kind in den Grill rauschte. Ich sollte den Rest machen, und Lauer betonte, dass er trotz allem gewinnen wolle.

Als dann noch unsere beiden Frauen ihre Liegestühle zum Spielfeld hin ausrichteten, wurde ich ehrgeizig. Ich ging sofort ins erste Dribbling, ließ die vierjährige Luzie mit einer einzigen Körpertäuschung stehen, schob Tom mit meinen zarten 93 Kilo weg und zog aus aussichtsreicher Position ab. Schon hob ich meine Arme und freute mich, mit Lauer die Raupe machen zu können, hatte aber nicht mit Carlotta gerechnet, die einen Ausfallschritt machte und den Ball mit ihrem Rock aufhielt. Kein Wunder, dass ich schlecht über Frauenfußball spreche.

Jetzt waren auch die Kinder motiviert. Bei meiner nächsten Ballberührung spürte ich die Tritte von unzähligen Füßen auf meinem Schienbein, vor allem die Mädchen schienen großen Spaß zu haben, einfach mal gegen irgendetwas zu treten. Die

Schmerzen waren groß, ich wollte mir jedoch nicht die Blöße geben, Schienbeinschoner zu holen. Ich ließ mir den Ball abnehmen, es tat zu sehr weh. Schließlich stand Lauer noch im Tor, sollte der auch mal etwas leisten.

Doch als ich mich umdrehte, sah ich, dass er eben nicht im Tor, sondern am Grill stand und die Bratwürste für die Kinder umdrehte.

Ich musste sprinten, denn Luzie stand schon einschussbereit an unserem Gartentor. Dann rutschte ich nach zwei Schritten mit meinen Badeschlappen aus, die ich arroganterweise nicht ausgezogen hatte, und krachte gegen das Gartenhäuschen.

»Ui, Spagat!«, rief Luzie. Die Kinder waren so nett und halfen mir auf. Als ich sie der Reihe nach böse anschaute, sagten sie doch tatsächlich, dass es ihnen leidtue und dass sie ab sofort langsamer machen würden. Vier- bis vierzehnjährige Mädchen! Ich schämte mich so.

Bernd Hollerbach ist genauso alt wie ich und er würde nicht einmal zucken, wenn man ihm einen Gullydeckel ins Kreuz werfen würde.

Wir brachten das Spiel zwar noch locker 5:4 nach Hause, aber als ich mit blutigen Schienbeinen am Tisch saß, beschloss ich, auf eBay nach einem Fanta-Jo-Jo zu schauen.

Was sollte ich mich mit der Grillerei abmühen, wenn ich am Jo-Jo doch noch eine Klasse stärker war.

MEIN ERSTES MAL

Endlich hatte ich meine Freunde so weit. Die Geschenkeliste zu meinem 40. Geburtstag las sich wie folgt: Ein Fußball, ein HSV-Campari-Trikot aus den Siebzigern, ein Deutschland-Trikot, das Buch »Die Fußball-Matrix«, ein Paar Copa Mundial, ein Panini-Album von der WM '74, ein Tipp-Kick-Spiel aus demselben Jahr und die DVD »Manni der Libero«. Das alles garniert mit einer Flasche feinstem Single Malt, je einer Flasche Ramazzotti und Pitú, jeder Menge Wein und zwei Kisten Bier.

Bis zu meinem 40. Geburtstag habe ich gebraucht, um mich nicht mehr gequält über Präsente wie einen Filofax oder eine Laptoptasche freuen zu müssen.

Mir haben tatsächlich alle Geschenke gefallen. Alle bis auf eines. Beim Aufräumen fand ich es verlassen auf dem Kachelofen. Sie hatten sich nicht getraut, es mir zu überreichen. Zu Recht, denn es wäre sicher spontan im Innern des Kachelofens verschwunden – mitsamt den Schenkenden. Doch so öffnete ich es mit meinen Kindern am Frühstückstisch.

»Was ist das, Papa?«, fragten sie.

Vor ein paar Jahren hatten mir Freunde den Besuch bei einer Domina geschenkt, die im rot-weißen Latex-Dirndl einen Bayern-Fan aus mir machen wollte. Als nun mein Geschenk vor mir lag, hätte ich sehr gerne gegen die Domina getauscht.

Ich hatte die neue *11 Freundinnen* ausgepackt, dazu fünf Karten für das Frauen-Länderspiel Deutschland gegen die USA in Augsburg. Ich inspizierte sie sofort, aber es waren zweifellos echte Tickets.

Meine Frau spuckte ihren Kaffee quer über den Tisch. Überhaupt musste ich in den folgenden Tagen viel Hohn und Spott einstecken. Die harmlosesten Sprüche waren noch »Vielleicht gefällt es dir ja?!« oder »Das sind immerhin die zwei besten Mannschaften der Welt!«.

Zehn Tage später ging es schon mit dem Bayern-Ticket nach Augsburg.

Die Schenkenden hatten sich gleich selbst bestraft und waren mit von der Partie. In Augsburg! Was soll ein HSV-Fan denn in einem Zweitliga-Stadion, dachte ich. Dann fiel mir ein, dass uns mittlerweile sogar der FCA an die Wand spielt.

Im Zug mussten wir auch noch stehen, er quoll über mit Kindern und alten Männern.

Wir hatten uns extrem gut vorbereitet. Rainer hatte Bier eingekauft, Detlef hatte Zöpfe und künstliche Brüste besorgt, Eisi machte dumme Sprüche, und Gerhard hielt ein Schild hoch, auf dem »Wir wollen bitte nicht gefilmt oder fotografiert werden!« stand. Ich hatte mir ein rosafarbenes US-Palermo-Trikot angezogen.

Natürlich war das sehr peinlich, und die Kinder hatten nicht nur Angst vor den alten Männern, sondern auch vor uns. Aber nach dem dritten Pils ging's. Wir lernten sogar ein Pärchen kennen. Sie fanden uns zwar auch scheiße, waren aber scharf auf unser Bier. Felix war Trainer einer Frauen-Mannschaft (was für ein Wort!), was selbst seine Frau Susanne nicht verstehen konnte. Sie sagte, sie wäre nur dabei, weil sie in Kissing wohne und es da noch langweiliger wäre.

Beim Aussteigen erklärte uns ein netter Herr, wie wir am besten zum Stadion kämen. Er war von oben bis unten in Schwarz-Rot-Gold gehüllt, und so wie er schaute, hatte er sicher nicht den vollen Preis für sein Ticket bezahlen müssen.

Im Stadion traf man außer besagten alten Männern und Kindern auffallend viele Frauen mittleren Alters vom Typ Elternbeiratsvorsitzende. Sie waren mit Kindergruppen da und eifrig damit beschäftigt, den Bratwurstkauf zu organisieren.

Ich hatte Migräne, mir war kalt, und meine Füße taten mir weh. Deshalb hielt ich Ausschau nach dem nächsten Teestand. Ich hatte irrsinnige Lust auf einen Ingwer-Zitronentee mit Honig. Ach, und dazu einen knackigen Rucola-Salat ohne Zwiebeln, dafür mit einem Tick mehr Balsamico. Aber nein! Nur Bratwürste und Bier. Na ja, was sollte ich machen? Es gab ja nichts anderes. Wobei das Bier sehr prollig aussah zusammen mit meiner Slim-Line-Zigarette mit goldenem Mundstück.

Dann wurde es ernst, wir betraten den Hexenkessel. Die Stimmung war tatsächlich gut, aber das Gekreische erinnerte mehr an »Der Weiße Hai 3« als an ein Stadion.

Kurz nach dem Anpfiff war ich sehr erleichtert, weil mir nicht gefiel, was ich sah. Hatte ich es doch gewusst.

Einzig Lira Bajramaj spielte sehr gut. Nach langen Diskussionen bescheinigte ihr unser Expertenteam ein anständiges Bezirksliganiveau. Gerhard schrie deshalb auch andauernd: »Lira, du willst ein Kind von mir!«

Die übrigen Frauen zeigten zwar ein gepflegtes Kurzpassspiel, welches fast schon an One-Touch-Fußball erinnerte, in Tornähe übertrafen sie sich jedoch an Harmlosigkeit. Jedes Mal, wenn jemand jenseits der 16-Meter-Linie zum Schuss ausholte, schloss ich die Augen. Mein Sohn Tom schoss mit vier Jahren genauso fest.

Es tut mir echt leid, es so sagen zu müssen, doch ich langweilte mich zu Tode. Ich bin weit davon entfernt, mich proletenhaft und populistisch über Frauenfußball lustig machen zu wollen, aber das war richtig schlecht.

Nur einmal musste ich lachen, als ein etwa zehnjähriger Junge »Schiri, du Hure!« schrie.

Und lustig fanden wir die Ordner, die sich wirklich konsequent mit dem Rücken zum Spielfeld aufstellten. Um den üblen Mob im Auge zu behalten. Einer von ihnen sah mit seiner Ordnerbinde und einer ganz fiesen Frisur aus wie ein Neonazi, weshalb wir eine Spitzenidee hatten. Wir verachten Gewalt, und, liebe Kinder, macht das nicht nach, aber die Langeweile trieb uns dazu. Ich sehe uns eher in der Opferrolle.

Wir behielten jeweils ein Viertel unseres letzten Biers im Becher und warfen es dem jungen Goebbels mit dem Schlusspfiff ans Hirn. Noch während wir lachten, umringten uns vier trockene und ein nasser Ordner. Wahrscheinlich werden sie ausschließlich bei Frauenspielen eingesetzt und reagierten deshalb etwas unerfahren. Sie ließen tatsächlich die drei, die geworfen hatten, gehen und verdächtigten Gerhard und Rainer, die ihre Becher noch in der Hand hielten. Bis sie ihren Fehler eingesehen hatten, mussten wir eine halbe Stunde auf die beiden warten.

Sie schienen sauer zu sein.

Wahnsinn! Sie hatten es vermasselt, dass wir als die ersten Frauenfußball-Hooligans in die Geschichte eingingen, und waren auch noch sauer. Schweigend liefen wir zur Straßenbahn.

Ich fand als Erster wieder Worte: »Nächstes Jahr zu meinem Geburtstag, da hätte ich gerne einen Filofax.«

RESTURLAUB

Hau ab, Keidel, was willst du schon wieder?«, schreit mir der Kioskbesitzer schon von weitem entgegen.

»Ich wollte nur schnell fragen, ob das *kicker*-Sonderheft schon erschienen ist.«

»Der 34. Spieltag war vor fünf Tagen, rechne selbst nach, du Depp!«

Der Kioskbesitzer heißt Oli, und wir haben Ende der Neunziger zusammen Spiele des SV 1880 München entschieden. Selten für uns, aber nach den Spielen hatten wir immer jede Menge Spaß. Ich kenne kaum einen Menschen mit einem schöneren Humor. Deswegen darf er auch so mit mir reden. Und auch weil er so groß ist.

Ich musste diese Woche endlich meinen Resturlaub nehmen und bin deshalb seit Montag jeden Tag hier. Die Kinder sind in der Schule, und Anna muss arbeiten. Hätte ich Oli nicht, wüsste ich nichts mit mir anzufangen, und die Depressionen würden mit mir machen, was sie wollten.

Die Woche nach Saisonende ist die schlimmste. Kaum zu ertragen. Meistens belegt der HSV einen der Plätze zwischen 7 und 15. Ein Rückblick auf die Saison bringt also nichts, das Licht am Ende der Sommerpause scheint meilenweit entfernt.

Wobei, die geraden Jahre sind die guten Jahre, da gibt es eine WM oder wenigstens eine EM. Dieses Jahr ist schlecht, weil ungerade, wir stehen kurz vor der Frauen-WM.

»Häng doch nicht immer bei mir rum, schau dir lieber

nachher das Vorbereitungsspiel unserer Frauen gegen Molda-
wien an, das wird bestimmt spannend!«, schlägt Oli mir vor.

»Ja, bestimmt, aber ich muss heute noch zum Zahnarzt,
das ist mir dann doch lieber.«

»Oh Mann, Volker, wird es dir nicht langsam peinlich, dich
immer über Frauenfußball lustig zu machen? Die Frauen haben echt wahnsinnig aufgeholt, sie spielen mittlerweile richtig
guten Fußball.«

Jetzt muss auch er lachen.

»Ja, ich finde das selbst auch gar nicht mehr so lustig«, ge-
stehe ich ein, »aber als HSV-Fan in München musste ich mir
eben das allerschwächste Glied in der Diss-Kette raussuchen.«

Normalerweise würde ich Oli jetzt auf die zwei Riesen-
wortspiele »Glied« und »Diss-Kette« hinweisen, doch er muss
einen Lotto-Spieler bedienen.

Ich nutze die Zeit und schnappe mir die erste Zeitung des
Tages. Um mir die Wechselgerüchte auf dem Transfermarkt
reinzuziehen. Das Ganze geht zwar meistens nicht gut aus
für den HSV, und wir bekommen am Ende einen Lasse So-
biech für einen Heung-Min Son, aber man ist wenigstens ein
bisschen abgelenkt. An jedem Tag der Sommerpause brauche ich zwei Stunden, um an alle relevanten Informationen
zu kommen.

Zuerst die *Bild*-Zeitung, denn sie haben wohl tatsächlich
die besten Maulwürfe engagiert. Dann erst die Münchner Gazetten *SZ*, *tz* und *AZ*, gegebenenfalls den *kicker* und die *Sport-
Bild*. Als Zuckerl gibt es ab und an die *11 Freunde*, wenn man
nach der ganzen Informationsflut mal was fürs Herz braucht.

Ich bitte Oli, mich kurz ins Internet zu lassen, weil ich heute
noch kein einziges Mal auf transfermarkt.de war.

Oli schaut mir ganz entspannt zu. Er ist Bayern-Fan und

weiß, dass sie keinen guten Spieler gehen lassen und zwei oder drei ganz große Granaten noch kommen werden.

»Schau hin, Oli«, sage ich, »Ibrahimović kommt mit einer Wahrscheinlichkeit von acht Prozent zum HSV!«

Oli genügt ein kurzer Blick, um zu erkennen, dass es sich hierbei um Nermin Ibrahimović von den Stuttgarter Kickers handelt.

»Na und«, reagiere ich trotzig, »sein Trikot würde ich trotzdem kaufen. Man wird ja wohl noch träumen dürfen.«

Wenn man in der Sommerpause nicht träumen darf, wann dann? Nach dem zweiten Spieltag ist eh schon wieder alles vorbei. Wenn ich träume, stelle ich mir vor, dass wir in die Champions League kommen, in den folgenden Jahren dauerhaft in die Champions League kommen, dritte Kraft werden hinter Bayern und Dortmund, dann zweite Kraft werden hinter Bayern, um irgendwann am vorletzten Spieltag durch ein mieses und glückliches 1:1 am besten auf St. Pauli endlich wieder Meister zu werden.

»Volker«, reißt mich Oli aus meinen Gedanken, »es ist kurz nach vier, lass uns ein Bier trinken. Du öffentlich, ich heimlich hinter der Theke.«

Was für ein großartiger Job. Alle brauchbaren Zeitungen vorrätig, es kommen dauernd Kunden zum Plaudern vorbei, und wenn ein Freund aufschlägt, öffnest du den Kühlschrank.

Wir trinken Bier und reden über Fußball. Ich rede seit 35 Jahren über Fußball, noch keine Minute davon war langweilig. Verrückt, dass es so etwas gibt.

Nach dem Bier schaue ich noch einmal kurz in alle Transferticker und mache mich dann auf den Weg.

Die Leute in der S-Bahn tun alle so, als wären wir nicht in der Sommerpause, manche unterhalten sich sogar und lachen.

Unverständlich, schließlich liegen fast zehn Wochen ohne Bundesliga vor uns. Warum so lange? Man könnte sich auf zwei Wochen Pause oder drei einigen, weil manche Fußballfans auch mal eine Fernreise machen wollen … aber warum gleich zehn?

Ein HSV-Fan hat nach der Bundesligasaison kein DFB-Pokal- oder Champions-League-Finale mehr und spielt auch keine Europa-League-Qualifikationen gegen geile Gegner wie Honvéd Budapest oder Stade Rennes, für uns sind wirklich zehn Wochen Pause.

Klar, um die Kinder kann man sich am Wochenende auch mal kümmern, aber was ist, wenn sie das Einmaleins irgendwann können? Auch die Ehefrau freut sich über einen Ausflug am Samstag, der nicht um 15:30 Uhr zu Ende sein muss. Aber doch nicht zehn Wochen lang! So einen aufmerksamen Ehemann will doch keine normale Frau. Sie freut sich doch auch, mittwochs mal ausfliegen zu können, wenn der Mann in die englischen Wochen geht.

Sky-Abonnenten zahlen das ganze Jahr über, dann muss es doch auch immer Fußball geben. Oder kennt einer jemanden, der sich schon mal einen Film auf Sky angeschaut hat? Wahrscheinlich hat Sky das längst gemerkt und zeigt gar keine Filme mehr. Die schließen im Sender Mitte Juli einfach ab und kommen zum ersten Spieltag wieder. Logisch, würde ich genauso machen.

Am S-Bahnhof in Puchheim treffe ich Markus, einen Hardcore-Bundesligakonsumenten. Markus schaut jede Woche mit Freunden das Freitagsspiel. Das Freitagsspiel! Freitags gibt es immer absolute Kracher wie Hoffenheim gegen Hertha oder Hannover gegen Mainz. Er muss Fußball sehr lieben.

»Was machst du hier?«, frage ich ihn.

»Tja, ich habe blöderweise diese Woche Urlaub und hänge jetzt viel am Bahnhof herum. Da kann ich wenigstens die Zeitungen nach Transfers absuchen und bin sicher da, wenn das *kicker*-Sonderheft herauskommt.

Wenn es mir ganz schlecht geht, trinke ich ein Bier oder stelle mir einen Underberg rein.«

Als ich heimkomme, nimmt mich meine Frau in den Arm. Sie weiß, wie ich leide.

»Lass uns morgen schön brunchen«, sagt sie. Luzie kommt mir entgegengerannt und schreit aufgeregt: »Papa, Papa, der HSV ist an Ibrahimović dran. Zwölf Prozent!«

»Wenn sie ihn holen, kaufe ich Trikots für uns alle, versprochen. Wo ist Tom?«

»Der schreibt dir die wichtigsten Sportnachrichten aus dem Videotext ab!«

»Wieso Sportnachrichten?«, frage ich nach.

»Ja, Fußball halt«, rechtfertigt sich Luzie, »Sport ist doch gleich Fußball, das hast du uns beigebracht.«

Noch während Tom eifrig in unser Sommerpausenheft einträgt, klicke ich schnell bei transfermarkt.de rein. Ibrahimović liegt mittlerweile bei 18 Prozent.

Vielleicht würde dieser Tag doch gut ausgehen.

SCHEUNENTOR

Frank Lampard und die Engländer sind an allem schuld. Wieder mal. 1966 haben sie schon geschummelt, und 2010 in Südafrika konnten sie nicht mit Würde verlieren. Jeder hat bei Lampards Lattenschuss gesehen, dass der Ball vor der Linie aufgesprungen ist. Aber weil die Engländer sehr eng mit der NSA zusammenarbeiten, haben sie es irgendwie geschafft, in Sekundenschnelle die Bilder zu manipulieren, sodass es bereits in der Wiederholung schien, als habe der Ball die Linie tatsächlich in vollem Umfang überschritten.

Wie lächerlich! Sie wussten, der Schiedsrichter würde den vermeintlichen Treffer nicht nachträglich anerkennen, wollten uns aber wenigstens den Triumph vermiesen.

Jedenfalls hat die Diskussion um diesen Ball, der – und ich sage es noch einmal – von der Latte ganz klar vor der Torlinie aufkam, bevor er ins Feld zurücksprang, den Fußballsport zu dem gemacht, was er jetzt, 2022, ist: eine Karikatur seiner selbst.

Zunächst führte die FIFA die Torkameras und den Chip im Ball ein, was ein wenig langweilig, aber akzeptabel war. Zudem wurde die WM 2022 nach Katar vergeben. Spätestens als Sepp Blatter dann den Red-Bull-Milliardär Mateschitz ins Boot holte und ihm die Bundesliga verkaufte, war klar, was die Stunde geschlagen hatte.

Gleich bei seiner ersten Pressekonferenz als Bundesligabesitzer sagte er: »Ich habe zusammen mit Bernie Ecclestone bereits die Formel 1 revolutioniert, das werde ich zusammen mit meinem Freund Sepp auch im Fußball schaffen. Der Fußball soll ein neues, modernes Gesicht bekommen. Durch meine Regeländerungen sollen zum Beispiel die Spanier und die Deutschen etwas von ihrer Vormachtstellung im Weltfußball einbüßen. Auch kleinere Nationen sollen wieder die Chance haben, Weltmeister zu werden. Ich denke da vor allem an Österreich.«

In den Jahren danach hat sich dann tatsächlich so viel geändert, dass ich seit 2018 kein Fußballspiel mehr angeschaut habe. Am meisten regt mich die Dominanz von Red Bull Leipzig auf. Red Bull wird jedes Jahr Meister und gewinnt meistens alle 34 Spiele.

So etwas wie Spannung kommt nur beim Aufeinandertreffen mit RB Salzburg auf, die auch in der Bundesliga spielen dürfen. Das hat Mateschitz so entschieden. Leipzig gewinnt selbstverständlich auch die Champions League, vom DFB-Pokal ganz zu schweigen.

Anfangs versuchte Uli Hoeneß noch mitzuhalten, aber mit seiner Wurstfabrik und ein paar hundert Millionen in der Schweiz hatte er keine Chance gegen das Brause-Imperium. Sobald Leipzig in die Bundesliga aufgestiegen war, kopierte Mateschitz die Bayern-Taktik und holte jeweils die besten Spieler der Bundesliga.

Neuer und Götze unterschrieben als Erste. Sie hatten zwar noch eine Woche zuvor verkündet, dass sie schon immer Bayern-Fans waren, auch als Jugendliche schon immer in der Südkurve standen und sich niemals vorstellen könnten, den Verein zu verlassen. Doch Mateschitz überzeugte sie der Legende nach innerhalb einer Minute. So lange brauchten sie, um die ganzen Nullen auf den Verträgen zusammenzuzählen. Sie konnten die Zahl zwar nicht aussprechen, weil sie sie nicht kannten, aber sie erschien ihnen hoch genug.

Bei der Vorstellung auf der Pressekonferenz sagten sie, dass sie schon als Kinder davon geträumt hätten, einmal für Red Bull Leipzig zu spielen.

Auch die Regeländerungen nerven mich unglaublich. Mateschitz ließ bald auf vier zusätzliche Tore spielen, eines an jeder Eckfahne.

Jeder Treffer in eines dieser Tore brachte fortan einen Punkt, die meisten Mannschaften traten mit vier Außenstürmern an.

Besonders »gelungen« fand er das riesige Scheunentor, welches er anstelle des früheren Tores aufstellen ließ. Hier kann man sogar drei Punkte erzielen, wenn man es schafft, innerhalb des Fünfmeterraums über das Scheunentor zu schießen.

Seit dieser Regeländerung hat auch der HSV wieder ein gehöriges Wörtchen mitzureden bei der Vergabe der Champions-League-Plätze.

Fünf Punkte gibt es, wenn man den Ball in einen der zahlreichen Basketballkörbe lupft, die am Spielfeldrand stehen.

Aus der Formel 1 brachte er selbstverständlich auch Neuerungen mit. Jeder Spieler muss in den 90 Minuten mindestens zehn Minuten auf Hallenschuhe wechseln, welche ihm von den Boxenteams inzwischen in knapp vier Sekunden gewechselt werden. Oft sind die Spieler aber auch froh, weil sich die Sohlen ihrer Pirelli-Schuhe sowieso nach spätestens einer Stunde auflösen.

Alle Spieler tragen eintönige Kurzhaarschnitte, Nackenspoiler sind verboten.

Im Qualifying am Vortag des Spiels laufen alle Kadermitglieder hintereinander eine 400-Meter-Runde, die elf besten Zeiten werden addiert. Die langsamere Mannschaft wird bestraft, indem sie erst nach dem Anpfiff aus der Kabine auf den

Platz sprinten darf. In der Zwischenzeit darf der Gegner versuchen, den Ball in einen der Basketballkörbe zu lupfen. Oft liegt man schon beim Betreten des Spielfelds 0:5 zurück. Allerdings muss das Siegerteam auch mit den Schnellsten des Qualifyings antreten, sodass es nicht selten vorkommt, dass eine Mannschaft ohne einen einzigen Torwart antritt, obwohl zwei Tore zu verteidigen sind.

»Oh Mann«, sagte David Odonkor mal in einem Interview, »das ist die Ungnade der frühen Geburt. Das wäre mein Spiel gewesen. Ich wäre immer in der Startelf gewesen, und vor dem Scheunentor hätte ich auch regelmäßig geknipst.«

Bei einem Foul muss man einmal durch die Katakomben rennen, bevor man wieder mitspielen darf, ebenso, wenn man die Fahne des Linienrichters übersieht.

Den meisten Fans ist das zu blöd, sie wollen das alte Spiel zurück, aber die leeren Plätze werden mittlerweile von immer mehr eigens angereisten Amerikanern gefüllt. Früher war ihnen Fußball zu langweilig, jetzt sei es total »amazing«.

Mateschitz' größte Reform, nämlich die Nationalmannschaften für Ausländer zu öffnen, scheiterte jedoch am Aufschrei der wenigen verbliebenen Fans.

Neuer und Götze hätten dann bestimmt gesagt, dass sie seit ihrem ersten Schnitzel davon träumen, einmal für Österreich aufzulaufen.

Trotzdem schaffte es Mateschitz, die Regeln derart zu modifizieren, dass sie Österreichs Stärken perfekt angepasst wurden. Das Scheunentor gibt es beispielsweise nur, weil Arnautović in wichtigen Spielen in den Schlussminuten immer die Nerven versagten und er entweder den Ball nicht traf oder in den Abendhimmel drosch.

Im Moment ist Österreich quasi unschlagbar, alleine Arnautović holt seiner Mannschaft in jedem Spiel im Schnitt neun Punkte.

Gestern habe ich mir dann nach vier Jahren Abstinenz wieder mal ein Fußballspiel reingezogen. Aber auch nur auf den Druck meiner Freunde. Sie sind einfach so vorbeigekommen.

»Wir haben uns bisher noch jedes WM-Finale in eurem Garten angeschaut, wirf den Grill an, wir haben Fleisch dabei!«

Was blieb mir anderes übrig? Ich holte den Grill aus der Garage, auch wenn es kalt war, weil sie die WM in Katar in den Januar gelegt hatten. Damit bei den Spielen die Durchschnittstemperatur nicht 53, sondern nur noch 42 Grad betrug.

Vom Spiel selbst sah ich nicht viel, weil ich grillen musste oder durfte, aber die Schlussphase zog ich mir rein. Deutschland hatte die letzten zwölf Spiele gegen Österreich zwar hoch verloren, jetzt führten sie sensationellerweise kurz vor Schluss mit 13:11.

Alaba führte den Ball auf der linken Seite. Die Deutschen verteidigten die Ecktore gar nicht mehr, weil die Österreicher durch ein normales Tor nur noch auf 13:12 herangekommen wären. Leider waren sie so damit beschäftigt, die Basketballkörbe zu bewachen, dass sie das Scheunentor etwas vernachlässigten. Nur noch Boateng stand in der Mitte, als Alaba die Flanke schlug. Der auch noch im Alter sehr fahrige Boateng schlug über den Ball, und Arnautović stand alleine vor dem Scheunentor.

Obwohl er so ein Ding normalerweise mit traumwandlerischer Sicherheit verwandelte, überlegte er dieses Mal einen Moment zu lange und knallte das Ding an die Kante, die früher einmal die Latte gewesen ist. Der Ball stieg senkrecht nach oben, um dann beim Runterfallen abermals auf die Kante zu treffen und … ins Spielfeld zurückzuspringen.

Der Schiedsrichter pfiff ab, Deutschland war Weltmeister. Die Österreicher brachen weinend zusammen, sie wussten, dass man ihre Namen immer mit dieser Schmach von Doha in Verbindung bringen würde.

Ich dagegen jubelte nicht besonders, zu fremd war mir dieses Spiel geworden.

Ich vermisse Spieler wie Frank Lampard so sehr, ich vermisse das kleine Tor in der Mitte der Torauslinie, und ich vermisse die Querlatte.

Aber auch wenn der Lattenschuss von Lampard schuld ist an der ganzen Misere, muss ich doch sagen: Der war niemals drin!

KNACKPUNKT

Wäre doch schön gewesen, wenn es mit der Profikarriere geklappt hätte. Vom HSV oder gar von der Nationalmannschaft will ich gar nicht reden.

Es hätte mir schon gereicht, bei Fahrstuhlmannschaften wie Bielefeld oder Bochum zu spielen. Vielleicht ab und zu ein DFB-Pokal-Achtelfinale oder ein Sieg gegen die Bayern. Auch die Ersatzbank wäre in Ordnung gewesen.

Hat ja auch ganz gut angefangen. Mein Vater trimmte mich auf Beidfüßigkeit, und später war ich auf zwei Bolzplätzen meines Viertels Stammspieler. Ich spielte täglich bis zu zwölf Stunden Fußball.

In meinem ersten D-2-Jugend-Spiel habe ich gleich ein Tor geschossen. Gut, wir haben 15:0 gewonnen, und das Tor habe ich aus einem Meter Entfernung erzielt. Ja, der Torwart lag auch schon in der anderen Ecke.

Aber wenn du die Torjägerkanone irgendwann in deinen Pokalschrank stellen willst, musst du genau da stehen. Gerd Müller hat auch nur hässliche Tore gemacht.

Ihr seht also, der Weg war geebnet für eine große Laufbahn.

Doch dann wurde ich HSV-Fan. Weil die die schönsten Trikots hatten und überhaupt am besten spielten. Ich wusste damals leider nicht, wo Hamburg liegt und dass mich später jedes sogenannte Heimspiel einen halben Monatslohn kosten würde.

Am meisten imponierte mir der Jugoslawe Ivan Buljan. Der Prototyp eines Vorstoppers mit fiesem Bart und fiesem Gesicht.

Du willst Profi werden, also geh keinem Zweikampf aus dem Weg. Das schien er mir auf selbigen mitzugeben.

Klar habe ich mir den Ball dann ein bisschen weit vorgelegt, und klar war der Rasen nass, und klar hätte ich nicht hinterhergrätschen müssen. Zumal ich im Augenwinkel schon gesehen hatte, wie mir mein Kumpel Jochen entgegensprang. Und über ihn hat der Nikolaus auf der Vereinsweihnachtsfeier schon gesagt, dass er ein harter Knochen sei. Genial vom Nikolaus, denn das reimt sich und war auch noch die Wahrheit.

Jedenfalls hörte ich Ivan Buljan in meinem Kopf: »Willst du Ball, musst du kämpfen!« Also gut, Ivan!

Jeder auf dem Platz konnte den glatten Schienbeinbruch hören, aber nicht jeder wollte das, zumal das Spiel gerade in die entscheidende Phase ging. »Komm einfach rein, wenn du wieder fit bist«, sagten meine Mitspieler, als sie mich an den Spielfeldrand setzten.

Mein Bein tat weh und war ganz krumm, und ich machte mir zum ersten Mal Gedanken über ein Leben mit einem herkömmlichen Beruf.

Was folgte, waren sieben Wochen Gips. Was aber nicht so schlimm war, weil ich zeitgleich noch die Windpocken bekam.

Danke, Ivan Buljan!

Aufgeben wollte ich jedoch nicht, mein Ziel war der Profifußball.

Ivan Buljan wurde als HSV-Vorstopper von Ditmar Jakobs abgelöst, und ich kämpfte mich wieder heran.

Bis zu dem Tag, als ich in der Sportschau sah, wie dieser Ditmar Jakobs einen Ball von der eigenen Torlinie kratzen wollte und ins Tor rutschte. Dabei jagte er sich leider den Netzhaken ganz tief in den Rücken. Stundenlang, so kam es mir wenigstens vor, hing er da am Haken und zappelte. So tief wie sein Haken saß mein Schock, während ich die Rettungsaktion beobachtete.

Ich erbrach die Treets, die ich zur Sportschau gegessen hatte, in ein, zwei sportlichen Schwällen, und irgendetwas ging an diesem Nachmittag endgültig in mir kaputt.

Ivan Buljan konnte mir noch so in den Ohren liegen. Nie mehr bin ich unkontrolliert und ohne Rücksicht auf Verluste in einen Zweikampf gegangen, das letzte Quäntchen Einsatz hat mir immer gefehlt.

Es stimmt schon. Langsam bin ich auch, und meine Schusstechnik ist eine Katastrophe. In hektischen Situationen spiele ich nahezu immer einen Fehlpass. Mein Kopfballspiel ist unter aller Sau, und mein Körper hatte schon immer den Hang zur Fettleibigkeit. Ich bin hüftsteif und kann nur sehr schlecht dribbeln.

Aber mehr als 15 Bezirksligaspiele, davon viele nicht über 90 Minuten, wären allemal drin gewesen.

Vielleicht müsste ich nicht jede Woche als Buchhändler 37,5 Stunden abbuckeln. Ich müsste den Leuten keine Geschichten vorlesen, die sie gar nicht hören wollen. Ich wäre schlank und bekäme Freikarten für die Weltmeisterschaft. Wenn ich nicht selbst noch in den Kader rutschen würde.

Ivan und Ditmar, ich will euch um Himmels willen keine Vorwürfe machen, aber ihr habt mein Leben verpfuscht.

TIME TO SAY GOODBYE

ayern, Bayern, Dritte Liga, oh wie ist das schön, euch nie mehr zu sehen. Bayern, Bayern, Dritte Liga …«, hallt es durch die Allianz Arena während des Bundesligaspiels TSV 1860 München gegen den HSV.

Löwen- und HSV-Fans liegen sich in den Armen, ich habe Pipi in den Augen. Hier und da verteile ich einen Zungenkuss, obwohl ich die Löwen eigentlich noch nie sonderlich sexy fand.

Doch zu überwältigend ist dieser Moment. Der HSV ist vor einer Woche am 25. Spieltag zum zweiten Mal in Folge Meister geworden, und die Bayern sind gestern durch ein 1:6 gegen Wehen Wiesbaden in die Dritte Liga durchgereicht worden.

1:6! Und das auch noch zu Hause an der Grünwalder Straße.

Dabei sah alles so rosig aus vor drei Jahren, als Oliver Kahn den Managerposten von Uli Hoeneß übernahm.

Guardiola hatte gerade das Triple nach München geholt, und Spitzenklubs aus ganz Europa versuchten, das System zu kopieren.

Über die Dreierkette gelangte Guardiola zu der Erkenntnis, dass auch eine Zweierkette, die im Fußballerjargon mittlerweile Gerade genannt wird, reichen würde.

Diese Gerade bestand aus Boateng und Lahm, wobei Lahm stets bemüht war, die Gerade vertikal zu interpretieren, weil er bei Ballbesitz ja auch noch auf der Doppelsechs spielen sollte.

Davor machte ein 7er-Mittelfeld extrem Druck auf den Ball, was dem Ein-Mann-Sturm Mandžukić sehr zugutekam. Der hatte sich letztendlich doch einen Stammplatz erkämpft, nachdem der etatmäßige falsche Neuner Götze 43 Spiele in Folge nicht getroffen hatte und Müller zu den Löwen gewechselt war.

Nicht viele hätten den Mut bewiesen, Guardiola, diese neue Trainer-Ikone, auszuwechseln.

Na ja, auswechseln ist nicht das richtige Wort, Kahn hatte Guardiola schließlich angeboten, unter Lothar Matthäus als Video-Analyst weiterzuarbeiten.

Dass Kahn ausgerechnet Matthäus aus dem Hut zauberte, kam schon etwas überraschend, weil dieser zuvor Albaniens U21 und danach Turbine Potsdam trainiert hatte.

In Potsdam konnte er durchaus Erfolge verbuchen, musste dann aber gehen, da er den Frauen beim Duschen von Adolfo Valencias Penis vorgeschwärmt hatte.

Kahn hatte wohl etwas Mitleid, außerdem hatte Guardiola drei Spiele hintereinander mit nur maximal drei Toren Unterschied gewonnen, und der Ballbesitz war auf magere 79 Prozent geschrumpft.

Als erste Amtshandlung führte Matthäus den Libero wieder ein, was vor allem den jüngeren Spielern zu schaffen machte, weil sie noch nie einen Libero gesehen hatten.

»Ogoddogoddogodd«, schrie Loddar über das Trainingsgelände, »wo läffsdn du widder hin? Nä, nix auf enner Linie, du stehst zehn Meder hinner der Abwehr, und dann hauste die Säck raus.«

Neben Martinez sah man den hochroten Kopf des Übersetzers. Als er »hauste die Säck raus« übersetzen sollte, brach er in Tränen aus.

Trotz dieser Problemchen rutschte Matthäus in seiner ersten Saison noch in den UI-Cup, weil Guardiola einen überragenden Kader zusammengestellt hatte.

Da Matthäus ohne Übersetzer arbeiten wollte, weil bei der Übersetzung so viel verloren geht, holte er in der darauffolgenden Saison Marcel Maltritz und Heiko Westermann für insgesamt 19 Millionen.

Die konnten zwar Libero spielen, hatten jedoch bei Regen große Schwierigkeiten wegen ihres Rheumas.

Trotz des Überwinterns auf einem Abstiegsplatz stärkte Kahn Matthäus weiter den Rücken: »Lothar ist super. Alte Schule. Da wächst was Großes. Immer weiter, immer weiter!«

Auch als fünf Monate später der Abstieg drohte, hatte der Dräner schon das Rezept für den Wiederaufstieg parat: »Mir brauchen mehr Dübbn, mehr alde Haudechen!«

Tags darauf schlug ihm die *Bild* auf der Titelseite die Spieler Miroslav Klose, Ivica Olić und Levan Kobiaschwili vor.

Sie waren per Fotomontage in einen Sarg gelegt worden.

»Des wird a Draumdrubbe!«, sagte Matthäus und kaufte sie alle. Dabei schien es ihm egal zu sein, dass zwei der Spieler schon vor Jahren bei Bayern wegen ihres Alters ausgemustert worden waren.

Und Kahn schienen die Ablösesummen egal zu sein. Olić war dabei mit fünf Millionen noch ein Schnäppchen, während dreizehn Millionen für den mittlerweile 38-jährigen Klose durchaus knackig waren. Da zuckte selbst das Festgeldkonto zusammen.

Fast alle Stammspieler mussten gehen. Sogar Ribéry, der gerade trotz der Misere endlich zum Weltfußballer gewählt worden war.

»Der is aus Frangreich und versteht net amal fränggisch. Mit solche Leud kann i nix anfang.«

Tja, und so nahmen die Dinge ihren Lauf, der Abstieg war besiegelt.

Anfangs war ich noch ein bisschen traurig, weil die Bayern für den HSV in den letzten beiden Jahren ein guter Punktelieferant gewesen waren, jetzt jedoch überwiegt die Freude.

Jetzt, wo es noch mal eine Liga runtergeht. Wie Öl, könnte man sagen.

Ich war von Anfang an skeptisch, ob Lorant als Konditionstrainer etwas würde ausrichten können.

Kahn hatte weiterhin, immer weiter, an Matthäus festgehalten, er hatte aber eigenmächtig Lorant von der zweiten Mannschaft des SC Laim verpflichtet.

Auch finanziell konnte der alte BWL-Student Kahn das Ruder nicht mehr herumreißen. So musste der FC Bayern die Allianz Arena an die Löwen verkaufen. Für einen Apfel und Benny Lauth.

Jetzt spielen sie an der Grünwalder Straße. Und selbst das ist noch zu groß.

Denn nachdem Bayern dreimal nicht gewonnen hatte, sprangen die Modefans ab. Übrig blieb ein harter Kern von knapp tausend Fans, die seitdem wollen, dass wieder im Olympiastadion gespielt wird.

Wegen der Superatmosphäre und aus Nostalgiegründen.

Das Olympiastadion vermisse ich keine Sekunde, aber auch mich packt die Nostalgie.

Ich denke an das 3:4 des HSV in München, ich denke an Alan McInally und an den Turban von Dieter Hoeneß. Ich denke wie auch sonst jeden Tag an das Champions-League-Finale gegen ManU, und ich denke an Uli Hoeneß, der in diesen Tagen viel in seinen Wurstkessel weint.

Dann reißt mich ein dicker Löwen-Fan aus meinen Träumen.

Er will mich in den Arm nehmen.

5 SEITEN NACHSPIELZEIT

MEIN TRAUM-HSV

Bäron   Romeo

Cardoso

Keegan   Spörl

Gravesen

Hollerbach   Kaltz

Nogly   Buljan

Kargus

Kargus: Früher Elfmetertöter, jetzt ernstzunehmender Künstler

Nogly: Der erste Libero, den ich erlebte. Enorme Präsenz auf dem Platz

Buljan: Paradebeispiel für einen Vorstopper der alten Schule

Hollerbach: Beste Metzgerei Unterfrankens, auch auf dem Platz

Kaltz: Erfinder des Rechtsverteidigers mit Offensivdrang

Gravesen: Hat, leider nur kurz, großen Fußball in den Volkspark gebracht

Spörl: Zu Lumpi brauch man halt echt nix zu sagen

Keegan: Weltstar!

Cardoso: »Papa, was ist beim Fußball ein 10er?« – »Cardoso.«

Bäron: »Du Wahnsinn!«, siehe Seite 97

Romeo: Synonym für Strafraumstürmer. Viel zu früh verkauft

MEINE WELTELF

Ibrahimović   Martin Palermo

Zidane

Detari   Basler

Keane

Messi   Trifon Ivanov
          Herget   Baresi

Chilavert

Chilavert: »Geh weg, den schieß ich!«

Messi: Auf Grund des Überangebots im Mittelfeld nur Links-
verteidiger

Baresi: Vielleicht der beste Libero aller Zeiten

Herget: Vielleicht der beste Libero aller Zeiten

Ivanov: Zeitlos schön

Keane: Bemühte sich stets, ohne Foul auszukommen

Detari: Schoss einmal seinem verletzt am Boden liegenden
Mitspieler den Ball an den Kopf, um einen Freistoß schnell
auszuführen. Sah Gelb dafür

Basler: Bremen- und Bayernspieler, ich weiß. Gab aber sinngemäß folgendes Interview für den *Stern*:
»Herr Basler, finden Sie es in Ordnung, dass Sie zehnmal
so viel verdienen wie der Bundeskanzler?«
»Warum? Wie viel verdient der denn?«
»500 000 Mark.«
»Was haben Sie denn? Das ist doch ganz ordentlich.«

Zidane: Kopfstoßlegende

Ibrahimović: Sein siebenminütiger Tore-Clip auf Youtube hat
mich überzeugt

Martin Palermo: Hat in einem einzigen Länderspiel drei
Strafstöße verschossen und sich in einem spanischen Li-
gaspiel beim Jubeln Schien- und Wadenbein gebrochen.
Außerdem hat er ein Kopfballtor aus 45 Metern erzielt.
Für jede dieser Aktionen hätte er den Sprung in meine
Truppe geschafft. So aber ist er auch noch Spielführer

MEISTGEHÖRTES AUF DEM FUSSBALLPLATZ:

»Schiri! Immer der Vierer!«

»Macht mal langsam, wir müssen morgen
alle wieder in die Arbeit!«

»Schiri, das war ein Allerweltsfoul.«

»Leo!«

»Keidel! Beweg dich!«

»Kannst du mir nachher im Vereinsheim 'nen Fuffi leihen?«

»Lass die scheiß Hacke weg, Volker!«

»Auf geht's Jungs, die sind platt!«

»Den nächsten Freistoß schieß ich.«

»Im Leben nicht!«

»Schiri, das lässt du aber nachspielen!«

DANKSAGUNG

FUSSBALLGOTT SEI DANK!

KEIDELS KARRIERE ALS FUSSBALLER

Vereine: ASV Rimpar, VfR Burggrumbach, ESV Laim, SV 1880 München, SC Laim

Aktuell aktiv bei: Los Amigos, Royal Bavarian League, Ü36-Liga

Größte Erfolge: Aufstieg in B- und A-Klasse, einige Spiele über neunzig Minuten

Vorbilder: Matthias Herget, Uwe Schallmaier

Stärken: Rechter Fuß, Übersicht

Ritual: Nie bekreuzigen

Traum: Sportdirektor beim HSV, notfalls Trainer

KEIDELS KARRIERE ALS AUTOR

Verlage: Eigenverlag, Bastei Lübbe

Liest aktuell für: Lesebühne »Westend ist Kiez«, München

Erfolge: Auf Spiegel-Bestsellerliste mit Erstling »Bierquälerei«

Vorbilder: Philippe Djian, Richard Brautigan

Stärken: Rechte Hand, Überschrift

Ritual: Nie ohne Bier schreiben

Traum: Finanziell unabhängiger Autor, Zweitwohnsitz in Thailand

Immer im Dienste des HSV: Volker Keidel liest aus seinem ersten Buch *Bierquälerei*

Nüchtern betrachtet war es besoffen besser

Volker Keidel
BIERQUÄLEREI
Zum Feiern zu alt,
zum Sterben zu jung
208 Seiten
ISBN 978-3-404-60748-8

Wenn der „Morgen danach" mehrere Tage dauert, der Lieblingsfußballer viele Jahre jünger ist als man selbst und der Türsteher im Club „Jetzt kommen die schon zum Sterben her" murmelt, dann klopft das Alter an die Tür. Natürlich ist das Leben trotzdem noch fantastisch, schließlich hat man jetzt Familie. Da geht man bei Eiseskälte Weihnachtsbäume schlagen, zettelt Revolutionen bei IKEA an oder wird wegen eines Sprachfehlers des Sohns als Kinderschänder verhaftet. Und wenn man so gut erzählen kann wie Volker Keidel, ist es auch noch irre lustig.

Bastei Lübbe

»Ich warne dringlichst vor diesem Buch! Wer eben noch meinte, ganz normal zu sein, stellt plötzlich fest: Ich bin ein Freak!« Bernhard Hoëcker

Philipp Möller
BIN ISCH FREAK,
ODA WAS?!
Geschichten aus einer
durchgeknallten Republik
336 Seiten
ISBN 978-3-404-60758-7

Die Schulglocke klingelt, das Hoftor fällt hinter mir zu. Meine Tage als Aushilfspauker sind vorbei. Und jetzt? »Bin ich froh, diese Freak-Show endlich hinter mir zu haben«, sage ich so lässig wie möglich. Mein Kollege Geierchen runzelt die Stirn: »Pass ma uff: Schule is 'ne Miniaturlandschaft unserer Jesellschaft. Und wenn de denkst, Möller, die Minifreaks war'n schon crazy – denn schau dir erstma die ausgewachsenen Exemplare an!«
Leben wir tatsächlich in einer Nation der Übertreiber, Spinner und Durchgeknallten? Philipp Möller trifft trinkfreudige Burschenschaftler, kampflustige Veganer und erleuchtete Weltenlehrer und stellt sich immer häufiger die Frage: Wer sind eigentlich die wahren Freaks in unserem Land?

Bastei Lübbe